OLIVER DOMRÖSE

Der sanfte Krieger

1. Auflage, April 2016

Oliver Domröse (simplyfeelit.de)

Impressum: Autor: Oliver Domröse

Zur alten Mühle 7, 78333 Stockach, E-Mail: oliver@simplyfeelit.de

Bildnachweis Cover: unsplash.com

Lektorat: Ulrike Hensel

Herstellung und Druck:

Siehe Eindruck auf der letzten Seite

ISBN-13: 978-1535029506

ISBN-10: 1535029501

Gewidmet allen Mutigen und Suchenden

Oliver Domröse

Der sanfte Krieger

Ein Mutgeber für hochsensible Männer

INHALTSANGABE

Was bedeutet es heutzutage, ein Mann zu sein? Bei der Beantwortung dieser Frage möchte dir dieses Buch helfen. Das Anliegen des Buches ist es, Männern dabei zu helfen, ihr ganzes Potenzial zu (er)leben, die kraftvolle wie sensible Seite. Beide als gleichberechtigt anzusehen, weil nur dadurch eine ganzheitliche Männlichkeit möglich ist. Keine leichte Aufgabe in Zeiten von weiblicher Emanzipation und abwesender Väter. Das Buch zeigt dir auf verständliche Weise Wege aus Abhängigkeiten und Verunsicherungen hin zu einem neuen Selbstverständnis als Mann.

Am Ende des Buches wirst du deine sensible wie kraftvolle Männlichkeit ganz neu kennengelernt haben und somit dein ganzes Potenzial als Mann zur Verfügung haben.

Ein Mutgeber – nicht nur für hochsensible Männer!

www.simplyfeelit.de

Inhalt

Einleitung

Dies ist ein Buch für ganze Männer und jene, die es noch werden wollen. Ein gewagter Anspruch, ohne Frage. Am Ende des Buches werden wir beide hoffentlich wissen, ob ich dem gerecht wurde.

Ich muss gerade etwas schmunzeln. Nun sitze ich hier an einem trüben und nebelverhangenen Dezembertag und beginne tatsächlich ein Buch über Männlichkeit zu schreiben. Einen Mutgeber für hochsensible Männer. Ich? Gerade ich? Der jahrelang an seiner Männlichkeit gezweifelt hat. Der sich immer mit anderen *richtigen* Männern verglichen hat. Der sich jahrelang nie für einen richtigen Mann gehalten hat. Falls alte Weggefährten dieses Buch in die Finger kriegen sollten, würden sie ganz sicher mit der Stirn runzeln: „Was, der Olli, der schreibt ein Buch über Männlichkeit?" Ja, genau der! Und während ich gerade diese ersten Zeilen tippe, wird mir einmal mehr bewusst, was Entwicklung bedeutet. Entwicklung und Wachstum haben in meinem Leben seit jeher eine große Rolle gespielt und waren immer meine Leitsterne am Firmament, vor allem in den vielen dunklen Stunden. Es gab in mir schon früh einen tiefen Glauben, dass ich hier auf diesen blauen Planeten geboren wurde, um zu wachsen und etwas zu lernen: Über mich, den Anderen und die Welt.

Ohne diese Einstellung würde ich heute ganz sicher nicht diese Zeilen schreiben. Vielleicht würde ich weiter Taxi fahren oder Briefe austragen oder Teller waschen oder Kisten schleppen. Stets spürte ich bei all diesen Tätigkeiten ein Ziehen im Magen. Verbunden mit einer drängenden Frage in meinem Kopf: Ist das mein Leben? Was will ich wirklich?

All diese „Brötchenjobs" waren wahrscheinlich notwendig, damit ich endlich so etwas wie meine Berufung als selbstständiger Autor und Blogger finden konnte. Wer weiß das schon. Die unzähligen Runden, die ich in den Jahren drehte, bis ich zu diesem Buch angekommen bin. Ebenso unzählig waren die Tiefpunkte und Rückschläge – insbesondere was mein Selbstverständnis als Mann angeht. Keine Sorge, dieses Buch wird kein Tränensackbericht über mich als armer Tropf und Mann. Ich möchte lediglich ehrlich sein – mir und meinen Lesern gegenüber.

Diese Erinnerungen lassen gerade in mir ein Gefühl von Wehmut, Trauer, aber auch Dankbarkeit entstehen. Was hat mich weitermachen lassen? Was hat mich nicht aufgeben lassen? Heute würde ich sagen, es war eine Mischung aus Mut, Vertrauen und Akzeptanz. Vor allem das Akzeptieren und Durchleben von Krisen und tiefen Lebenseinschnitten, die sehr oft mit Frauen zu tun hatten, hat mich dahin gebracht, wo ich heute als Mann und Mensch stehe. Und auch ein tiefsitzender Glaube, dass in diesem Geschenk namens Leben für jeden von uns eine Mission versteckt ist, die darauf wartet, von uns entdeckt und erfüllt zu werden. Zu unserem Wohle und für das große Ganze. Dass dieses Leben einfach mehr bereithält, als sich vierzig Jahre in einem verhassten und langweiligen Job kaputt zu schuften, nur weil man „muss" oder es so von einem erwartet wird. Dass das Leben vor allem für Freude, Verbundenheit und Liebe da ist, ja, vielleicht sogar die Essenz von all dem ist – und dass das Universum, Gott oder wer auch immer, uns genau dafür erschaffen hat!

Hoffnung, Vertrauen, Mut, Trauer, Verletzlichkeit, Bewusstheit, Vision, eine Aufgabe im Leben –

darüber und noch über einiges mehr wirst du etwas in diesem Buch erfahren.

Wie dieses Buch aufgebaut ist und wie du es gebrauchen kannst

Das Buch ist in vier Teile gegliedert und umfasst 20 Kapitel. Jedes Kapitel ist in sich abgeschlossen. Dies ermöglicht es dir, an unterschiedlichen Stellen einzusteigen. Du kannst das Buch von Anfang bis Ende in einem Zug durchlesen oder du fängst bei einzelnen Kapiteln an, die dich gerade am meisten interessieren. Ich empfehle dir aber, beim ersten Teil zu beginnen, um den größtmöglichen Nutzen aus diesem Buch zu ziehen. Die Gliederung und Anordnung der Themen folgen natürlich einer gewissen Systematik und Logik, mit der Absicht, dir ein umfassendes Verständnis für das Thema Mann-Sein und Hochsensibilität zu vermitteln.

Im ersten Teil (**Die Grundlagen**) schaffen wir ein Fundament für unser weiteres Vorgehen. Zunächst machen wir einen kleinen Ausflug in die Evolutionsgeschichte des Mannes (Kapitel 1). Anschließend schauen wir uns die in uns liegenden männlichen Potenziale (Archetypen) an (Kapitel 2). Nach dieser entwicklungsgeschichtlichen und psychologischen Grundlagenarbeit springen wir in unsere heutige Zeit und schauen uns an, wie sich die traditionellen Rollenbilder von Mann und Frau in den letzten 40 Jahren verändert haben (Kapitel 3). Im letzten Kapitel dieses ersten Teils gehen wir der gewagten Frage nach, ob der Mann das neue schwache Geschlecht unserer Zeit ist (Kapitel 4).

Im zweiten Teil (**Der hochsensible Mann**) beschäftigen wir uns ganz mit unserem Mann-Sein als Hochsensibler. Was bedeutet es eigentlich, als Mann hochsensibel zu sein? Was zeichnet den hochsensiblen Mann aus, welche Potenziale hat er? (Kapitel 5). Daran schließt sich die Frage an, welche wichtigen Impulse hochsensible Männer in unsere heutige Gesellschaft einbringen können (Kapitel 6). Sex ist gerade für uns hochsensible Männer meist mehr als eine reine Triebbefriedigung. Wie du Sex und Liebe vereinen und dabei sogar noch Heilung erfahren kannst, erfährst du im nächsten Kapitel (Kapitel 7). Im letzten Kapitel dieses Teils gebe ich dir fünf Empfehlungen an die Hand, wie du als (hochsensibler) Mann in deine Kraft und Mitte gelangen kannst und dabei mehr Lebensfreude verspürst (Kapitel 8).

Den dritten Teil widme ich ganz einem meiner persönlichen Entwicklungsfelder (**Konstruktive Aggression**). Nur mit dieser Energie kannst du in deine ganze Kraft als Mann kommen. Gerade für uns hochsensibel veranlagte Männer halte ich dieses Thema für essenziell. Seit Jahren schlummert die Aggression meist im Verborgenen in uns und wartet auf eine (kultivierte) Freisetzung. Wir steigen mit der Feststellung ein, dass Aggression seit Urzeiten ein Grundbaustein unseres Mann-Seins ist (Kapitel 9). Daraus ableitend, plädiere ich im nächsten Kapitel für eine zeitgemäße Neubetrachtung von Aggression (Kapitel 10).

Weiter geht es mit einer genauen Analyse, warum Aggression in unserer Zeit so tabuisiert und stigmatisiert wird. Einer der Gründe ist, dass Aggression und Gewalt nicht ausreichend differenziert werden und oftmals sogar fälschlicherweise gleichgesetzt werden (Kapitel 11). Als nächstes folgen zwei Verhaltensbeispiele für fehlgeleitete und unterdrückte Aggression: der Softie und der Macho (Kapitel 12). Im nächsten Kapitel stelle ich die provokante Frage: Bist du aggressionsgehemmt (Kapitel 13)? Im letzten Kapitel dieses wichtigen Teils spreche ich 15 Empfehlungen aus, wie du deine Aggression in konstruktiver Weise fördern und leben kannst (Kapitel 14).

Im vierten und letzten Teil (**Ganzheitliche Männlichkeit**) geht es um nichts anderes als um eine Integration und Verbindung von allem bis dahin Gesagten. In diesem Abschnitt möchte ich dir eine Synthese von sensibler und archaischer Männlichkeit vorstellen. Warum sich dieser ganzheitliche Ansatz durch sämtliche meiner Arbeiten zieht und welche Theorie dahinter steht, erfährst du im ersten Kapitel dieses Teils (Kapitel 15). Zunächst stelle ich dir die sensible Seite unserer Männlichkeit noch einmal ausführlich vor (Kapitel 16). Anschließend ausführlich die archaische (Kapitel 17). Im darauffolgenden Kapitel erfährst du alles über Männerinitiationen, warum sie ein wichtiges Übergangsritual darstellen, wie sie ablaufen und welche Formen es gibt (Kapitel 18). Im nächsten Kapitel widmen wir uns dem wichtigen Thema einer Visionsfindung im Leben eines Mannes (Kapitel 19). Im letzten Kapitel dieses Buches geht es schließlich um eine Integration der archaischen und der sensiblen Männlichkeit, um das Leben einer ganzheitlichen Männlichkeit (Kapitel 20).

Da du dieses Buch gerade in deinen Händen hältst, gehe ich davon aus, dass auch du dich noch intensiver mit dem Mann-Sein beschäftigen möchtest, dass du ein Mann sein willst, der etwas aus seinem Leben machen möchte und seinem Ruf folgen möchte. *Ein sanfter Krieger* unserer Zeit, der mit seinem Herzen verbunden ist und den Mut und das Rückgrat hat, seine Botschaft offen und ohne Furcht auszusprechen. Die folgenden Seiten sollen dir dabei Hilfe und Inspiration zugleich sein.

Nun wünsche ich dir viel Freude beim Lesen und die eine oder andere Erkenntnis.

Oliver Domröse

Stockach im März 2016

Warum dies auch ein Frauenbuch ist

Seit dem Start meines Blogs im April 2015 und seit dem Veröffentlichen meiner ersten Beiträge über sensible Männlichkeit, erreichten mich zahlreiche Rückmeldungen. Darunter auch kritische Anmerkungen, interessanterweise meist von Männern. Ich erhielt aber auch viele Kommentare von Frauen. Diese waren meist verbunden mit einem Dank für meine Offenheit. Manchmal erreichten mich aber auch Bitten oder Fragen von Frauen über den Umgang mit und das Verständnis von hochsensiblen Männern.

Wie zum Beispiel von Martina*: *Vom Typ her ist er eher nicht schüchtern, sondern gerne jemand, der im Mittelpunkt steht. Doch dahinter steckt ein ganz unsicheres Wesen. Er braucht viel Anerkennung und Zuwendung. Manchmal komme ich mir schon vor wie seine Mama. Er gibt viel auf die Meinung anderer und sucht Schutz in seiner Selbstständigkeit und im Sport, worüber er sich definiert. Er denkt viel über sein Leben nach und wo er gerne stehen will. Er* *ist sehr klug und hilfsbereit. Er ist toll im Herzen, doch nur selten zeigt er diese Seite. Die sensible und weiche Seite. Er überspielt sie oft mit coolen Sprüchen ...*

Oder von Tanja: *Ich wollte dich fragen, warum HSP-Männer dann nicht gerade die Traummänner für Frauen sind? Mir ist das noch nicht klar und ich würde auch gerne selbst mein Beuteschema ändern. Wenn HSP-Männer doch Frauen verstehen und man sich gut mit ihnen unterhalten kann. Meistens ist es doch das, was man in einer Beziehung vermisst. Außerdem empfinden sie selbst viel. Gut, man sucht als Frau das Starke, Entscheidungsfreudige, den Fels in der Brandung. Aber das schließt sich ja nicht gegenseitig aus. Ach so, Schüchternheit wertete ich bisher als Desinteresse. Auch darauf werde ich mal achten.*

Oder von Sandra*: *Jetzt habe ich aber eine Frage, die mich schon sehr, sehr lange umtreibt – nein, wahnsinnig macht – und die mir vielleicht ein HS-Mann auch mal beantworten kann, weil ich denke, dass Männer halt doch anders mit der eigenen Sensitivität umgehen. Wie erkläre ich einem Mann, dass ich mir sicher bin, dass er hochsensibel ist, obwohl ich weiß,* *dass er wahrscheinlich blockt und mich verfluchen wird? Ich habe mir schon überlegt, ob ich ihm einfach (anonym) das Buch von Elaine Aaron schicke, in der Hoffnung, dass er es liest und sich – wie ich auch – darin erkennt. Warum ich das unbedingt machen will? Weil er mir sehr viel bedeutet (ich habe ihn mal geliebt) und ich denke, wenn er sich selbst wahrnimmt, entdeckt und diese Festungsmauern, hinter denen er sich versteckt, gesprengt hat, er endlich er selbst sein kann und nicht mehr die harte männliche Figur, die er vorgibt, zu sein. Es tut mir richtig weh, zu sehen, wie er nach außen hin erscheint, aber genau weiß (kenne ihn sehr gut), dass er eigentlich ganz anders ist. Wie kann ich das anstellen? Hast du eine Idee? Es wäre so toll, wenn ich endlich einen Zugang zu ihm finden würde! Ich weiß, dass ich da sehr behutsam sein muss, aber ich traue mich ja schon gar nicht mehr, was zu sagen bzw. zu schreiben.*

Diese Fragen, Zweifel und Bitten zeigen mir, dass der Aufklärungsbedarf bei Frauen über ein zeitgemäßes Männerbild mitunter groß ist. Vielleicht auch die Verunsicherung im Umgang mit Männern. Mitunter gibt es in ihrem Umfeld Männer, bei denen es Anzeichen einer Hochsensibilität gibt, die sich aber bisher komplett dagegen wehren. Insofern betrachte ich mein Männerbuch auch als einen wichtigen Mutgeber für Frauen. Entweder für ein tieferes Verständnis des anderen Geschlechts – insbesondere für die Sensibleren unter meinen Artgenossen. Oder aufgrund ihrer eigenen Rolle und Definition als eigenständige und selbstbewusste Frau.

Dieses Buch kann einer Frau auch als Inspirationsquelle dienen und ihr Hoffnung geben, dass es noch Männer gibt, die Herz und Mut in sich vereinen und einer Frau gegenüber kraftvoll und respektvoll auftreten wollen. Ich bin mir sicher, keine reife Frau – da werden mir die weiblichen Leser sicherlich zustimmen – möchte einen „erwachsenen Jungen“ an ihrer Seite haben, um den sie sich ständig kümmern müssen und der in großer Abhängigkeit zu ihr lebt.

Nicht zuletzt kann eine selbstbewusste Frau dieses Buch an ihren sensiblen, vielleicht auch verunsicherten, Bekannten oder Freund verschenken – quasi als kleinen Wink mit dem Zaunpfahl, sich seiner ganzen Männlichkeit gegenüber zu öffnen.

* Namen geändert

Teil I:

DIE GRUNDLAGEN

Kapitel 1

Eine kurze Evolutionsgeschichte des Mannes

Die Evolutionsgeschichte des Mannes zu rekonstruieren, ist eine komplexe und heikle Angelegenheit. In den letzten Jahrzehnten ist eine Reihe von Büchern erschienen, die versucht haben, das Sexual-, Bindungs- und Paarungsverhalten von Mann und Frau aus der Steinzeit in die Gegenwart zu übertragen. Diese Vertreter eines extremen Materialismus der Wissenschaft (ein bedauernswertes Phänomen der Moderne) suchen die Unterschiede zwischen Mann und Frau in den Genen, Gehirnen und Hormonen – und finden sie auch. In ihren Büchern berufen sie sich auf eine jahrtausendealte Konditionierung von Mann und Frau als Jäger und Sammlerin und sehen hierin die Gründe und Beweise für die anhaltende Unterschiedlichkeit zwischen Mann und Frau.

Diese sehr alten Rollenmuster und Konditionierungen sind sicherlich ein Aspekt für die

Entstehung einer männlichen und weiblichen Identität – aber eben nur einer von vielen. Aus meiner Sicht reduzieren die „evolutionären Psychologen“ das Rollenverständnis von Mann und Frau ausschließlich auf unsere Gene, auf unsere evolutionäre Gehirnentwicklung als Spezies Mensch und die damit entstandenen Hormone (wie Testosteron). Sie sind schuld, und daran kann man(n) nichts ändern. Punkt. Die Unterschiede zwischen Mann und Frau sind entwicklungsgeschichtlich und biologisch festgelegt und unverrückbar.

Louann Brizendine, eine Neurobiologin aus San Francisco, argumentiert beispielsweise in ihrem Buch *Das weibliche Gehirn – warum Frauen anders sind als Männer*, dass die Geschlechtsunterschiede auf einen hormonellen Einfluss des Männlichkeitshormons Testosteron im Mutterleib zurückzuführen seien: „Das Hormon tötet manche Zellen in den Kommunikationszentren und lässt in den Regionen, die für Sexualität und Aggression zuständig sind, mehr Zellen heranwachsen.“ Dagegen konnte der Neuropsychologe Lutz Jäncke von der Universität Zürich in seinen Untersuchungen keine wirklich markanten Unterschiede zwischen männlichen und weiblichen

Gehirnen feststellen und kommt daher zu dem Schluss, dass Mann und Frau sich kaum unterscheiden. Die Bücher, die auf eine Polarität der Geschlechter aufgrund einer jahrtausendealten Konditionierung pochen, verkaufen sich weltweit in millionenfacher Auflage. Als zwei bekannte Beispiele seien hier nur die beiden Bestseller *Warum Männer nicht zuhören und Frauen schlecht einparken* von Alan und Barbara Pease und *Männer sind vom Mars und Frauen von der Venus* von John Gray genannt. Erstgenanntes Buch von Allan und Barbara Pease las ich vor einigen Jahren selbst und war wie viele andere Leser begeistert. Endlich eine „wissenschaftlich" und biologisch einleuchtende Erklärung, warum Mann und Frau so verschieden sind und es im Alltag zu so vielen Missverständnissen und Reibungen kommt. Es liegt in unseren Genen und in unserer biologischen Abstammung begründet. Und das ist allgemeingültig für jeden Mann und jede Frau auf der Erde, unabhängig aus welchem Kulturkreis sie kommen, und eben genetisch festgelegt. Basta! So einfach ist das!

Einige Jahre später gerät dieses bio-logisch festgelegte Bild nicht nur bei mir arg ins Wanken. Was ich damals noch nicht wusste: Alan und

Barbara Pease sind weder Psychologen, noch Anthropologen oder Naturwissenschaftler. Sie sind professionelle Verkäufer und Geschäftsleute. Allan Pease kommt aus der Versicherungsbranche und war mit 21 bereits durch den Verkauf von Lebensversicherungen steinreich. Seine spätere Frau Barbara war Model, lief unter anderem für Coca-Cola und Toyota über die Laufstege der Welt und hatte schon mit Anfang zwanzig ihre eigene erfolgreiche Model-Agentur. Als sie heirateten, kamen sie auf die Idee, Bücher zu schreiben, um noch erfolgreicher zu werden. Also warum nicht einfach über sich schreiben – über sich als Mann und Frau. Ihre These: Mann und Frau sind nicht nur verschieden, sie sind völlig unterschiedlich. Die Bestätigung dafür fanden sie in populärwissenschaftlichen Schlussfolgerungen aus Studien der Anthropologie und eben der evolutionären Psychologen. Vieles davon hört sich gut an, und was sich gut anhört, lässt sich meist auch gut verkaufen.

Das soll jetzt nicht gegen die Erkenntnisse dieses Forschungszweigs der Naturwissenschaft sprechen. Ganz sicher sind uns einige Verhaltensweisen und Reaktionsmuster von unserem genetischen Erbe mitgegeben worden –

egal ob Mann oder Frau. Doch spätestens als ich vor drei Jahren mit der integralen Theorie in Berührung kam (auf die ich noch ausführlich eingehen werde), ging mir ein Licht auf. Ich verstand, dass der Großteil unserer Verhaltensweisen und Prägungen viel mehr durch unsere kulturelle Umgebung und Umwelt geprägt werden, als dass sie biologisch/genetisch vorgegeben und festgelegt sind. Vor allem aber wurde mir sehr bewusst, dass unsere Realität viel komplexer ist, als von manchem angenommen wird, und sich eben nicht auf eine rein wissenschaftliche und materialistische Ebene reduzieren lässt. Zu einer ähnlichen Einschätzung kommt auch der Philosoph Richard David Precht in seinem Buch *Liebe. Ein unordentliches Gefühl:* „Wer den heutigen Menschen erklären will, indem er ihn auf ‚einfachere' Formen reduziert, auf Fixpunkte in der Vergangenheit, steht allgemein vor vier großen Schwierigkeiten. Er muss sich fragen, ob alles, was die Natur hervorbringt, und damit auch der Mensch, tatsächlich bio-logisch erklärt werden kann. Biologen, Naturwissenschaftler allgemein, suchen überall in der Natur nach Logik. Aber Logik selbst ist keine Eigenschaft der Natur, sondern eine Fähigkeit des menschlichen Denkens. Man darf also fragen: Ist es eigentlich logisch, hinter allem in der Natur eine logische Erklärung zu vermuten?“(2)

Der Mensch – egal ob Mann oder Frau – ist eben viel mehr als nur seine Gene und Hormone. Er ist mehr als reine Biologie und Verhaltensweisen aus der Steinzeit. Diese allein materialistische Sicht auf das Verhalten von Mann und Frau, bei der es immer um greifbare und messbare Fakten und Beweise geht, wird unserer komplexen, menschlichen Psyche nicht gerecht. Das Subjektive, das Innere, das Seelische und unser individuelles Bewusstsein werden dabei vollkommen außer Acht gelassen. Die wissenschaftliche beziehungsweise biologische Sichtweise ist zwar sicherlich eine wichtige – aber nur eine unter vielen. Sie alleine kann unsere Wahrnehmung der Wirklichkeit von männlichen und weiblichen Eigenschaften nicht ausreichend erfassen.

Für meinen Ansatz in diesem Buch bedeutet dies, dass ich versuchen werde, aus unterschiedlichen Perspektiven der Fragestellung nachzugehen, welche Konflikte und Identitätskrisen die Beziehung zwischen Mann und Frau in der heutigen Zeit belasten? Und dass ich der Frage nachgehe: Wie findet ein Mann zu einem Bewusstsein für seine ureigene männliche Identität zurück – ohne dabei zu einem Höhlenmenschen zu regredieren? Und nicht zuletzt: Wie kann er auf dieser neu geschaffenen Grundlage eine Beziehung auf Augenhöhe mit einer Frau führen?

In unserer modernen Zeit herrscht eine große Verunsicherung bezüglich der eigenen Identität – und zwar bei Männern und Frauen. Es liegt auf der Hand, dass das gravierende Folgen auf unser Beziehungsleben hat. Jede zweite Ehe in einer Großstadt wird heute geschieden. Woran liegt das? Frauen sehnen sich nach Männern, die Sicherheit, Stärke, Durchsetzung, Willen und gleichzeitig Mitgefühl ausstrahlen. Männer dagegen sehnen sich nach typisch weiblichen Attributen wie Fürsorge, Mütterlichkeit, Sicherheit, Nähe, Sensibilität und Verständnis. Doch was wir seit einigen Jahren erleben, ist eine genau umgekehrte Entwicklung. Frauen verhärten zunehmend emotional. Nicht selten schneiden sie sich von ihren Gefühlen ab und werden die besseren Männer. Viele Männer sind damit überfordert und vor allem verunsichert. Sie haben nun zum Teil weibliche Vorgesetzte, die Karriere machen wollen und knallharte Entscheidungen treffen, wie ich es in meinem

Berufsleben selbst einige Male erlebt habe. Neuere Studien scheinen dies zu bestätigen, wie Focus Online schon im Jahr 2012 berichtete: „Typisch Mann, typisch Frau – diese Rollenverteilung scheint etwas aufzuweichen. Das gilt vor allem für Frauen. ‚Sie haben mehr Auswahlmöglichkeiten als früher und werden sie in Zukunft noch mehr nutzen', ist sich Sozialpsychologin Andrea Abele-Brehm sicher. Frauen treten bereits heute selbstbewusster auf und geben in ihrem Leben neben der Familie dem Beruf einen größeren Raum als die Generation ihrer Mütter."(2) Die Formel, dass Frauen immer mehr verhärten, ist sicherlich etwas holzschnittartig und zu pauschal formuliert, zeigt aber eine gewisse Tendenz in unserer Gesellschaft auf. Männer wollen keinen *„besseren Mann"* an ihrer Seite, niemanden, der sich ständig seine Unabhängigkeit beweisen muss. Ich sage das, auch wenn mich für diese Aussage womöglich einige Feministen am liebsten steinigen würden. Wir wünschen uns vielmehr eine Frau, die uns mit ihrer Hingabe und Weiblichkeit unterstützt – und dabei gleichzeitig in ihrem starken Selbstbewusstsein als Frau aufgeht. Zumindest ist das bei mir so. Ich bin seit Jahren in meiner Rolle als Mann verunsichert. Was heißt es heute, männlich zu sein? Was mache ich mit meiner sanften und sensiblen Seite als Mann? Darf ich Aggression und Kraft heute überhaupt noch zeigen?

Diese Unsicherheit scheint viele Männer erfasst zu haben. Nach Meinung der Sozialpsychologin Abele-Brehm, die im bereits erwähnten Focus-Artikel zu Wort kommt, habe sich die Rolle der Männer dagegen wenig verändert. „Männer sind zwar als Väter präsenter als früher. Ansonsten herrsche unter ihnen eher Verunsicherung, in welche Richtung die Entwicklung laufen wird: hin zu mehr Einfühlungsvermögen und Sanftmut oder zu noch stärkerer Betonung der bislang typisch männlichen Eigenschaften.“(2)

Die Unterschiede zwischen Mann und Frau scheinen weniger genetisch und evolutionär als sozial und kulturell festgelegt zu sein. Vor rund 100 Jahren waren da Wissenschaftler noch ganz anderer Meinung. Sie untersuchten die Gehirne und Hormone von Männern und Frauen und stellten dabei Unterschiede in Größe und Gewicht fest. Daraus entwickelten sich Stereotypen, die es uns einfacher machen, eine Person schneller in eine Schublade zu stecken. Es erleichtert uns das Denken. „Ob wir ein Verhalten als typisch männlich oder typisch weiblich einschätzen, resultiert daraus, wie wir es wahrnehmen und bewerten – sprich, in welche Schublade wir denjenigen stecken, meint die Psychologin Abele-Brehm dazu.“(2) Wir sehen: Den Steinzeitmann, der auf die Jagd geht und die Steinzeitfrau, die in der Höhle die Kinder aufzieht und Nahrung zubereitet, gibt es so nicht mehr (falls es sie überhaupt jemals so gab). In Bezug auf meine Arbeit halte ich es für wichtig, genau zu differenzieren, was aus einem genetischen Erbe hervorgeht und was aus kulturell bedingten Verhaltensweisen und Anpassungen. Zum Beispiel liegt es für mich auf der Hand, dass Aggression ein genetisch bedingtes Erbe unserer männlichen Vorfahren ist, da es vor zigtausend Jahren definitiv gefährlichere und größere Tiere gab als heute und ein Mann aus der Steinzeit nicht in einen Supermarkt gehen konnte, um Lebensmittel einzukaufen, sondern zur Nahrungsbeschaffung auf die Jagd gehen musste.

Dennoch werden sich Mann und Frau in ihrem Verhalten immer ähnlicher – was wahrlich für beide Seiten keine befriedigende und glücksverheißende Entwicklung ist. Die Rollen verschwimmen zusehends, was sich auf unseren

Umgang, unsere Beziehungen und nicht zuletzt auf unsere Sexualität zerstörerisch und desillusionierend auswirkt. Die jahrzehntelange Annahme, dass der Mann der Macher und Entscheider ist, und die Frau die willige Kindererzieherin und Essenszubereiterin, ist so in unserer modernen Zeit nicht mehr haltbar. All die Autoren und Bücher, die sich auf die steinzeitlichen Gegebenheiten stürzen und sie mit vermeintlich wissenschaftlichen Fakten untermauern, unterliegen einer Illusion. Diese Sichtweise ist nicht mehr zeitgemäß. Die veränderten Verhältnisse machen es uns Männern nicht gerade leichter. Wir sehnen uns nach klaren Kanten und Ecken. Ich glaube, Frauen geht es ganz ähnlich. Ohne dabei in alte Rollenklischees zu verfallen. Es geht um eine Neudefinition davon, was heute männlich und weiblich ist. Mit der Integration all der Entwicklungen und Erkenntnisse der vergangenen Jahre. Wir wünschen uns eine Reibungsfläche und eine Polarität. Erst daraus kann eine gewisse Spannung und Anziehung entstehen, wie wir sie bei jedem üblichen Magneten mit seinem Plus- und Minuspol beobachten können. Wir wünschen uns einen maskulinen Mann und eine feminine Frau – entsprechend dem Verständnis unserer

Zeit. Ich glaube, den Frauen ist die Neudefinition in den vergangenen Jahrzehnten ganz gut gelungen. Sie haben ihre archaische und durchsetzungsstarke Seite entdeckt und entwickelt. Der Feminismus hat das in begrüßenswerter Weise unterstützt.

Nun heißt es für uns Männer, uns neu zu definieren. Aus meiner Sicht ist dafür eine Renaissance unserer archaischen Seite notwendig, ohne in den Modus des „Steinzeitmenschen" zurückzufallen. Eine Neuinterpretation von Kraft und Wildheit und schließlich die Integration unseres sensiblen Anteils. Für uns als hochsensible Männer bedeutet dies, dass wir in erster Linie unsere maskuline Seite mehr kultivieren sollten. Die weibliche oder sensible Seite ist uns ja meist schon wohl bekannt. So kann ich es wenigstens aus eigener Beobachtung meiner Männlichkeit und in der Beobachtung bei einigen anderen sensiblen Männern bestätigen.

Die Wiederentdeckung der ursprünglichen Männlichkeit hat rein gar nichts mit dem weit verbreiteten und oft in Hollywood-Filmen und Kitschromanen dargestellten Klischee zu tun, dass wir Männer genetisch bedingt nur triebgesteuert durch die Gegend laufen, um so oft wie möglich unseren Samen in weibliche Körper versprühen zu können – der genetischen Vielfalt wegen. Dass wir also das Gefühl der Liebe lediglich vortäuschen, um zu unserem evolutionären Ziel zu kommen: dem schnellen Schuss. Dies mag sicherlich auf manche Männer zutreffen (Machos), ganz sicher aber nicht auf alle und noch weniger auf hochsensible Männer. Dieses verbreitete Stereotyp schauen wir uns später noch genauer an. Nach dem Psychoanalytiker C.G. Jung besitzen wir als menschliche Individuen immer beide Geschlechtspolaritäten (Animus und Anima/männlich und weiblich) in uns. Für das weitere Grundlagenverständnis wollen wir uns im nächsten Kapitel unsere wichtigsten männlichen Entwicklungspotenziale anschauen: Die 4 Archetypen.

Kapitel 2

Die 4 männlichen Archetypen

Zu einem umfassenden Verständnis für unsere Männlichkeit gehört es auch, die vier wichtigsten Entwicklungspotenziale in uns Männern kennenzulernen. Bei der nachfolgenden Darstellung der männlichen Archetypen beziehe ich mich im Wesentlichen auf die Ausführungen des Autors Björn Thorsten Leimbach aus seinem Buch *Männlichkeit leben. Die Stärkung des Maskulinen.*(3)

Die Lehre von den Archetypen geht auf den bekannten Schweizer Psychoanalytiker Carl Gustav Jung zurück. Er führte erstmals den Begriff der Archetypen in die Psychologie ein. Dabei handelt es sich um Urbilder der Menschheit, die über Jahrtausende die Erfahrungen der menschlichen Rasse widerspiegeln. Diese sind als Potenziale in einem Bereich des kollektiven Unbewussten angelegt und warten darauf, aktiviert und gelebt zu werden.

Was hat das nun mit uns Männern zu tun? Ganz einfach: Natürlich schlummern auch in uns Männern ganz unterschiedliche Stärken, die aktiviert und gelebt werden wollen und die uns zu verschiedenen Handlungsoptionen befähigen. „Die männlichen Archetypen sind als Potenziale in der männlichen Psyche anzusehen, die ein Mann im Laufe seines Lebens entwickeln kann, um sein Mann-Sein voll zu entfalten", schreibt dazu Leimbach.(4) Dabei geht es nicht um ein besser oder schlechter, jeder Archetyp hat seine Berechtigung, jeder hat seine Licht- und Schattenseiten.

Dass diese *Urbilder* nicht nur Einbildungen eines schlauen Analytikers sind, sondern tatsächlich vorhandene innere Potenziale, konnte ich auf dem Intensivseminar *Die Heldenreise* am eigenen Leib erfahren. Eines der Ziele dieser Reise ist es nämlich, mit den inneren Potenzialen in Berührung zu kommen und sie zu aktivieren. Jedes der vier Potenziale als gleichwertig anzusehen, als einen ganz spezifischen Anteil, der in der jeweiligen Situation zu ganz unterschiedlichen Handlungsoptionen verhilft. Oftmals ist es nämlich so, dass wir eben nicht aus der Fülle der uns zur Verfügung stehenden

Potenziale schöpfen, sondern einen oder mehrere Archetypen noch gar nicht kennengelernt haben – von ihm/ihnen abgespalten sind. Er ist/sie sind aber immer noch da und fristet/fristen quasi ein einsames Dasein im Schattenbereich – und wartet/warten darauf, von uns gelebt zu werden.

Und natürlich ist es so, dass diese Urbilder sowohl bei Männern wie auch bei Frauen vorhanden sind, mit den jeweiligen geschlechtsspezifischen Qualitäten. Im Folgenden möchte ich dir nun die vier männlichen Archetypen mit ihren wesentlichen Qualitäten vorstellen.

Der Liebhaber

Hier beginnt oftmals die Reise zum Mann-Sein. Dieser Archetyp ist häufig der erste Schritt des Jungen zum reifen Mann. Er charakterisiert den Aufbruchs- und Veränderungswillen des jungen Mannes und kann sich in verschiedenen Aspekten zeigen. Er ist der Suchende, der sich mit Philosophie, Religion oder Weltanschauung beschäftigt. Er ist offen für alles Neue, was seinen unbändigen Wissensdurst ein wenig stillt. Er ist ein Querdenker, der vor Ideen nur so sprüht und

Freude daran hat, etwas aus sich selbst heraus zu schaffen. Er geht zu spirituellen Lehrern oder Gurus. In diesem Archetyp findet sich der junge Rebell, Chaot, Sucher, (Lebens-)Künstler, Journalist, Sozialarbeiter und Neinsager wieder, der jegliche Autorität ablehnt.

Lichtseiten: Lebensqualität, Kreativität, Spiritualität, Erneuerung, Querdenken, Freiheitsdrang, Sexualität, Genuss, Kommunikation.
Schattenseiten: Abhängigkeit von Frauen, Anti-Haltung, Ablenkung, Verantwortungslosigkeit, Nutznießen, Konfliktunfähigkeit, Bindungsunfähigkeit, Drogenkonsum.
Element: Wasser.

Der Krieger

In diesem männlichen Potenzial liegt der nächste Schritt in der Entwicklung des Mannes verborgen. Er entwickelt sich vom rebellischen Neinsager zum Jasager. Er übernimmt mehr Verantwortung für sein Leben und seine Handlungen. Er trifft gewichtige Entscheidungen und setzt sich Ziele. Er hat seine Vision und Mission gefunden und verfolgt diese mit großem Ehrgeiz (den er als Archetyp Liebhaber noch total ablehnte). Nun ist er der Macher, der gegen alle Widerstände Unmögliches realisiert. Er ist der Aufsteiger, der gerne schnelle Autos fährt, der Makler, der Stuntman, der Abenteurer, der Unternehmer. Der Krieger liebt Herausforderungen, an denen er sich messen kann. Er kämpft für die Gemeinschaft und nicht nur für sich selbst.

Lichtseiten: Willensstärke, Erfolg, Entscheidungsfreude, Produktivität, Entschlossenheit, Gradlinigkeit, Realismus, Wahrhaftigkeit, Geistesgegenwart.
Schattenseiten: Verhärtung, Gewalt, Erfolgszwang, Einseitigkeit, Egoismus, mangelnde Lebensqualität, unsoziales Verhalten.
Element: Feuer.

Der König

Der König symbolisiert die klassische Vaterfigur und steht für Ordnung, Gemeinwohl und Frieden. Er hat die Aufgabe und die Verantwortung, dafür zu sorgen, dass es allen gut geht. Er ist der Führer, der Würde und Lebenserfahrung ausstrahlt. Er ist geerdet und steht mit beiden

Beinen auf dem Boden der Realität. Der König strahlt Männlichkeit und Stärke aus. Er vertritt Tradition, Gesetze und Regeln. Ein König strahlt in seinem Auftreten eine innere Gelassenheit und natürliche Autorität aus, die er nicht beweisen oder einfordern muss. Er übernimmt die Macht und geht verantwortungsbewusst damit um, setzt sie zum Wohle des Ganzen ein. Der König steht symbolisch für das Herz, mit dem er seine Liebe zu seinen „Untertanen" zum Ausdruck bringt. Eine Qualität des Herzens ist Mut. Er spricht Missstände oder Fehlverhalten offen und beherzt an und lässt auch einmal Strenge walten. Er ist der Manager, Politiker, Geschäftsführer, Chef, Vorsitzender und Trainer.

Lichtseiten: Führung, Segen, Verantwortung, Liebe, Herzqualität, Mut, Wertschätzung.
Schattenseiten: Tyrannei, Machtmissbrauch, Feigheit, Erstarrung.
Element: Erde.

Der Magier

Wer kennt sie nicht aus solchen filmischen Epen wie *„Herr der Ringe"* oder *„Die Nebel von Avalon"*. Figuren wie Gandalf der Weise oder Merlin sind bekannte Beispiele aus der Literatur- und Filmgeschichte für diesen Archetyp. Der Magier hat viele verschiedene Erscheinungsformen und ist ein wahrer Verwandlungskünstler. Wesentlich für ihn ist, dass er alle anderen drei Archetypen durchlebt hat und sich dann aus dem aktuellen Geschehen oder Geschäftsleben zurückgezogen hat. Er strahlt Weisheit und Lebenserfahrung aus, hat im Laufe seines Lebens eine umfangreiche Menschenkenntnis erlangt und fungiert nun oftmals als Berater. Seine Worte haben Gewicht und Tiefe, sind im Gegensatz zum König oft auch tiefgründig und vielschichtig. Der weise Magier zeichnet sich durch einen weiten und offenen Geisteshorizont aus und eine differenzierte, aus mehreren Perspektiven zusammengesetzte Betrachtungsweise. Darüber hinaus hat er tiefes Wissen über psychologische Zusammenhänge gewonnen. Er hat Zugang zu spirituellen Welten und spirituellem Wissen und hat fundierte Einweihungen und Initiationen durchlaufen. Er besitzt Menschenkenntnis und Feingefühl, um Menschen genau da abzuholen, wo sie gerade stehen, und ihnen das Richtige zum richtigen Zeitpunkt zu sagen, sodass es sie weiterbringt. Er ist der (Unternehmens-)Berater, Vermittler, Richter, Arzt, Heiler, Psychotherapeut oder (spirituelle) Lehrer.

Lichtseiten: vermittelnd, beratend, unterstützend, verständnisvoll, sozial, heilend, sinnstiftend, spirituell.
Schattenseiten: altmodisch, einsam, eigenbrötlerisch, missionarisch, sexfeindlich, moralistisch, manipulativ.
Element: Luft

Wichtig ist es, nach dieser Charakterisierung zu erkennen, dass es keine stufenmäßige Reihenfolge für diese Entwicklung gibt. Es ist eher ein fließender Entwicklungsprozess, der ganz individuell verläuft, manchmal auch mit Sprüngen und Widersprüchen. Jeder Archetyp symbolisiert zwar auch eine gewisse Lebensspanne und Alter, muss sich aber nicht zwangsläufig daran halten. Nicht jeder Mann muss beim Liebhaber beginnen, manche beginnen beim Krieger, wenn sie sich früh fürs Militär verpflichten oder früh eine berufliche Karriere einschlagen.

Kapitel 3

Hat der Ernährer und Versorger ausgedient?

Die traditionellen Rollenbilder in unseren Köpfen verändern sich nur langsam. Noch bis in die 70er-Jahre hinein war die Rollenverteilung zwischen Mann und Frau ziemlich klar und eindeutig. Sie gab Struktur und Orientierung. Ein junger Bursche lernte mit 14 einen anständigen Beruf. Dann arbeitete er einige Jahre als Geselle, eventuell bildete er sich fort und hängte ein Studium dran. Mit Ende zwanzig, zum Ende der Sturm-und-Drang-Zeit, hatte er in der Regel einen gutbezahlten Beruf und somit genug Erfahrung und Einkommen, um eine Familie zu gründen. Mit Anfang dreißig war der Mann verheiratet und das erste Kind geboren. Der Bankkredit für das Einfamilienhäuschen wurde unterschrieben. Der Baum im Vorgarten gepflanzt, der Familienhund ausgesucht. Der (Ehe-)Mann ging von morgens bis abends klaglos arbeiten. Er war der Ernährer und Versorger der Familie. Die Frau hatte daheim ihren Bereich mit Küche, Kindern und Haushalt. Alle waren zufrieden, jeder hatte seine Rolle und wusste, was zu tun ist.

Doch dann kam die kulturelle Revolution. Die Studentenbewegung der 60er- und 70er-Jahre veränderte diese Rollenverteilung grundlegend. Sie brach verkrustete und starre Konventionen und Rollenbilder auf. Durch den neu entstandenen Feminismus wurden Frauen das erste Mal seit Jahrzehnten wirtschaftlich und emotional unabhängiger. Sie fingen an, für sich selbst und ihren Lebensunterhalt zu sorgen und Karriere zu machen. Sie trauten sich, auf Männer zuzugehen, anstatt abzuwarten. Sie lernten, für sich und ihre Bedürfnisse zu kämpfen. Mit einem Satz: Sie lösten sich aus der jahrhundertelangen patriarchalen Abhängigkeit von Männern. Dies war und ist in unserer westeuropäischen Geschichte eine absolut begrüßenswerte kulturelle Entwicklung. Bei den Männern veränderte sich in dieser Zeit auch einiges. Sie entwickelten einen verstärkten Zugang zu ihrer weiblichen Seite. Sie lernten kochen und die Wäsche zu waschen, sich um den Haushalt und die Kinder zu kümmern. Sie lernten in Gruppen und gegenüber Frauen ihre

Gefühle zu zeigen, zu weinen. Der einstige kühle und rationale Ernährer lernte die gefühlvolle Seite des Lebens und sich selbst besser kennen.

Und heute? Heute ist alles etwas anders.

Eine Frau im 21. Jahrhundert kann sich selbst ernähren. Möchte es sehr oft auch. Sie möchte Karriere machen. Sie möchte die gleichen Aufstiegschancen wie ihre männlichen Kollegen. Sie möchte vordringen in einst ausschließlich männlich dominierte Führungspositionen. Nebenbei erzieht sie noch ihr Kind. Alleine. Vielleicht noch mit Hilfe einer Tagesmutter. Eine Frau von heute möchte Familie und Beruf vereinen können. Sie möchte nicht mehr nur das „Heimchen" sein, das abends um 18 Uhr das Essen auf den Tisch stellt – wenn der Ernährer die Schwelle überschreitet. Die Frau von heute lebt diese kulturelle Veränderung schon sehr offen und selbstbewusst. Sie hat ihre neue Rolle eingenommen oder genauer gesagt: ihre Rolle neu definiert. Und das mit einem immensen Tempo in den letzten vierzig Jahren. Dem Feminismus sei Dank. Dagegen ist nichts einzuwenden. Wirklich nicht.

Doch was passierte im Zuge dieser Entwicklung mit uns Männern? Sind dadurch die Beziehungen zwischen Mann und Frau glücklicher und erfüllender geworden?

Dieser gesellschaftliche Trend hat dazu geführt, dass sich Männer und Frauen immer ähnlicher werden. Oder sagen wir es so: die Frau wird von ihren Werten und Einstellungen her dem Mann immer ähnlicher, was Vorstellungen von Karriere und Erfolg angeht. Der Mann weiß nicht mehr, wo hinten und vorne ist. Seine einst angestammte Rolle als Ernährer und Entscheider wird ihm zunehmend von seiner Frau abgenommen. Das Aufbrechen der alten Rollenbilder und Konventionen, so sehr dies damals sinnvoll und notwendig war, hat in unserer heutigen Zeit zu einer Desillusionierung und Orientierungslosigkeit geführt – und zwar vor allem bei uns Männern. Bei uns Männern führt diese Entwicklung zu einer Identitätsverunsicherung und Rollenkonfusion. Wir fühlen uns zunehmend überflüssig und sind den Herausforderungen in Beruf und Partnerschaft nicht mehr gewachsen. Es zeigen sich Symptome der Verweichlichung. Dies meine ich gar nicht abwertend, sondern in der Form, dass wir Männer Druck, Anforderungen und Konflikten immer weniger standhalten. Damit einhergehend entwickeln wir geradezu eine Angst vor Frauen, fühlen uns ihnen unterlegen. Dies alles kann ich aus meiner eigenen Lebensgeschichte als Mann vollauf bestätigen.

Nun könnte man meinen, Frauen seien die großen Profiteure dieser gesellschaftlichen Entwicklung und freuen sich darüber. Weit gefehlt. Aus zahlreichen Untersuchungen und Befragungen geht hervor, dass Frauen über die enorme Belastung durch die Anforderungen in Arbeit, Familie und Partnerschaft klagen. Bedingt dadurch, dass sich der moderne Mann zunehmend überflüssig und verunsichert fühlt und im Zweifelsfall nichts tut, fehlt ihnen die helfende starke Männerhand, jemand, der ihnen den Rücken freihält und sie unterstützt. Dadurch verhärten viele Frauen innerlich immer mehr und entwickeln psychische Überlastungssymptome. Sie haben zunehmend den Eindruck, alles alleine tragen zu müssen.

Männliche Lust gilt als frauenverachtend

Eine weitere Auswirkung aus der kulturellen Revolution der 70-er Jahre ist, dass heutzutage das Sichtbarwerden von männlicher Lust und Aggression sofort als frauenverachtend empfunden wird. Damit möchte ich nicht die männliche Vormachtstellung aus den 60er-Jahren gutheißen, gemäß der beispielsweise eine Frau von Gesetzes wegen her ihren ehelichen Pflichten nachzukommen hatte – wie regelmäßigem Beischlaf (ja, solch einen Ehe-Paragraphen gab es wirklich mal)! Durch die neue feministische Sozialisierung sind viele Männer so geprägt und verunsichert, dass sie sich kaum mehr trauen, eine Frau anzusprechen. Die Gefahr ist zu groß, dass der Mann von der emanzipierten Frau im besten Fall abgelehnt und im schlechtesten Fall wegen sexueller Belästigung angezeigt wird. Dabei möchte eine Frau oftmals (respektvoll) erobert werden. So verwundert es nicht, dass sich viele Frauen beklagen, nicht mehr angesprochen zu werden, und männliche Initiative und Führung vermissen. Nach dieser Skizzierung können wir also festhalten, dass der Mann von heute eine Verunsicherung in seiner männlichen Identität und Rolle verspürt. Deshalb stelle ich im nächsten Kapitel die etwas provokante Frage: Ist der Mann das neue schwache Geschlecht unserer Zeit?

Kapitel 4

Der Mann: Das neue schwache Geschlecht?

So möchte ich erneut die Frage stellen: Wo blieb bei dieser neuen Rollenverteilung der Mann? Ich behaupte: Er blieb auf der Strecke. Der Mann ist das neue schwache Geschlecht des 21. Jahrhunderts. Er hat es versäumt, sich neu zu erfinden. Sich neu zu definieren. Er wurde von der Feminismus-Welle regelrecht überrollt. Und steht nun geplättet da, umgeben von starken und selbstbewussten Frauen – von seinen ersten Kindheitstagen an. Er klammert sich krampfhaft an das überlieferte Rollenbild des Ernährers und Versorgers. Des Familienoberhaupts. Des Patriarchen. Des Entscheiders. Des Anführers. Doch ist er in dieser Hinsicht von den Frauen längst überholt worden. Die Frauenbewegung der letzten 40 Jahre hat eine deutliche Veränderung im Selbstverständnis von Männern und Frauen bewirkt. Die Frau von heute ist selbstbewusst und unabhängig. Selbst ist die Frau, lautet ihr Motto. Und wo bleibt der Mann?

Diese Emanzipationsbewegung der Frau hat vor allem bei uns Männer gravierende Veränderungen bewirkt. Wir haben unser angestammtes Selbstbild und Selbstverständnis verloren. Was bedeutet es heute, männlich zu sein? Das alles führt zu einer zunehmenden Rollenkonfusion. Frauen stehen vor der Frage: Kind oder Karriere. Beide Rollen finden sie nämlich kaum miteinander vereinbar. Eine Frage, die vor 40 Jahren für eine Frau noch undenkbar war. Kind und Heim waren die einzigen Alternativen. Noch gravierender wirkt sich diese Rollenkonfusion auf uns Männer aus. Traditionelle männliche Tugenden, wie Aggression, Mut, Durchsetzungskraft und Entscheidungswille werden heutzutage nicht mehr uneingeschränkt wertgeschätzt. Im Gegenteil. Sie werden zum Teil äußerst kritisch betrachtet und regelrecht dämonisiert. In der Erziehung ist es sogar so weit gekommen, dass Jungen typisch männliche Verhaltensweisen wie Aggression und Durchsetzung regelrecht aberzogen werden (worauf ich noch eingehen werde). Eine traurige und bedenkenswerte Entwicklung, gerade auch für hochsensible Männer.

Dennoch es ist bei Weitem nicht so, dass mit dem Ende des Patriarchats nun die sensiblen Männer die Führung übernommen hätten. Die Anziehung zwischen Mann und Frau entsteht aus einer Polarität heraus. Ähnlich wie bei einem Magneten mit einem Plus- und einem Minus-Pol. Ein Mann, der seinen männlichen Pol stark in sich fühlt und lebt, macht es einer Frau leicht ihren weiblichen Pol auszuleben. Erst so entsteht eine gewisse (sexuelle) Energie und Anziehung.

Lebt ein Mann nur seinen *weiblichen Pol* (was sehr oft bei uns sensiblen Männern der Fall ist), entsteht keine Spannung und Energie. Gleiche Pole stoßen sich gegenseitig ab – wie bei einem Magneten. Für eine Frau ist solch ein netter Mann todlangweilig, und für den Mann ist es durchweg frustrierend, wenn er von der Frau nur noch als Kumpel und Gesprächspartner wahrgenommen wird. Dieser neue Typus Mann, nennen wir ihn den *netten Kerl,* scheint weit verbreitet zu sein. Gerade auch unter hochsensiblen Männern. Ich weiß, wovon ich spreche. Was zeichnet den braven und netten Kerl aus?

Der nette Kerl: Nett, lieb, brav, anständig

Rückblende. Es muss um die 15 Jahre her sein. Einer der berüchtigten Samstagabende. Da lerne ich sie kennen. Ort des Geschehens: Eine Studentenparty in einer Uni-Stadt in Hessen. Zur späten Stunde, als die Party sich schon ziemlich geleert hat, spreche ich sie mit meinem Weizenbier in der Hand an. Leicht angetrunken von den vorherigen Weizenbieren. Witzig, originell, schlagkräftig, eloquent, wieder einmal hilft mir der Alkohol, die andere Seite hervorzukehren, die ich im Alltag so oft vermisse. Ich bringe sie zum Lachen und wir unterhalten uns angeregt über eine Stunde lang. Am Ende bekomme ich ihre Handynummer. Yeah, ein voller Erfolg, ein gelungener Abend! Wahrscheinlich habe ich ihr nach meiner Heimkehr noch eine Gute-Nacht-SMS geschrieben. Sie antwortet am nächsten Morgen. Mittlerweile bin ich wieder nüchtern und plage mich mit meinem obligatorischen Kater herum. Wir verabreden uns für den nächsten Tag in einem Café. Nun ist nichts mehr da von meiner Lockerheit. Meiner Schlagfertigkeit. Meinem provokanten Witz. Am Tisch herrscht eine angespannte Atmosphäre und eiserne Stille. Was sagen? Wieviel sagen? Nur nichts Verkehrtes sagen! Ich bin verunsichert und mein Herz pocht. Wir reden über die Klassiker wie Hobbys, Beruf, Musikgeschmack. Zwischendurch frage ich mich, wo denn nur der coole und lockere Typ von vor zwei Tagen geblieben ist! Nach ungefähr einer Stunde bezahlen wir (getrennt) und verabschieden uns. Und ich spüre es unmittelbar: Wieder nichts geworden. Sie findet mich höchstens nett, aber nicht mehr. Resigniert trete ich meinen Heimweg an. Am Abend erhalte ich per SMS die Bestätigung für mein Gefühl: „Du wolltest ja gerne wissen, woran du bist. Ich finde dich nett, kann mir aber nicht mehr vorstellen. Alles Gute."

So etwas ist mir nicht nur einmal passiert, sondern zigmal. Stets lief es nach einem ähnlichen Muster ab. Das erste Aufeinandertreffen, auf Partys oder in Diskotheken, war immer prickelnd. Ich war mutig und übernahm die Führung, sprach die Frau an, war locker, lenkte das Gespräch, lenkte es in eine gewisse Richtung, sah es als Spiel. Eine Anziehung entstand. Neben meiner intellektuellen Beredsamkeit faszinierte die Frau vermutlich mein forsches Werben um sie. Bei den anschließenden Treffen war davon nicht mehr viel übrig. Der Alkohol hat mich locker und schlagfertig gemacht, mir aber auch gleichzeitig eine Maske aufgesetzt, die mich von meinen Hemmungen befreite. An diesen Abenden kam ein anderer Teil von mir zum Vorschein, der Eloquenz und Schlagfertigkeit ausstrahlte. Bei den anschließenden Treffen, trat wieder der andere Teil von mir in den Vordergrund: Ich war nett, lieb, intellektuell, verständnisvoll, zurückhaltend, zuhörend. Jemand, mit dem man stundenlang über Gott und die Welt sprechen kann, oder ins Kino gehen kann oder auf ein Konzert oder auf ein Sonnenwendfeuer. Alles – nur keiner, mit dem man ins Bett geht. Oder eine Beziehung anfängt. Oder eine Affäre. Oder sich auf einen One-Night-Stand einlässt.

Es fehlte offenbar etwas. Etwas Elementares. Davon war ich damals felsenfest überzeugt, nur wusste ich nicht genau, was. In späteren Jahren hatte ich zwar auch mal kurze Affären oder One-Night-Stands. Aber stets mit eher vermännlichten Frauen – oder welchen, die ähnlich frustriert waren, wie ich. Einmal, vor lauter Frust, schrieb ich einer dieser Bekanntschaften eine lange E-Mail, dass ich die Frauen nicht verstehen würde. Mich fragen würde, ob sie denn nur so Macho-

und Arschlochmänner haben wollten, um sich anschließend stets zu beklagen, wieder einmal ausgenutzt und betrogen worden zu sein. Hier wäre nun ein netter, liebevoller und respektvoller Mann, der die Frauen ernst nimmt und sie versteht. Ihre Antwort: „Krasse E-Mail und ja: Ich finde dich nett, aber nicht mehr.“ Voilà, da ist er. Der nette Kerl von nebenan. Ich verkörperte jahrelang diesen Typus Mann. Ich lebte ihn bis in die Zehenspitzen, weil ich keine Alternative kannte. Und verzweifelte fast daran.

Der nette Kerl ist stets darum bemüht, keine Frau zu enttäuschen oder sie gar zu verletzen. Er tut alles, um Anerkennung und Aufmerksamkeit von einer Frau zu erhalten, die er auch bekommt, aber als Freund, Zuhörer und Gesprächspartner – nicht als Liebhaber oder Lebenspartner. Genauso, wie ich es jahrelang erlebt habe.

Der nette Kerl verkörpert eher einen braven und anständigen Jungen, als einen Mann mit Rückgrat und Selbstvertrauen. Das liegt daran, dass ihm einige wesentliche männliche Verhaltensweisen fehlen, die für Frauen mindestens genauso wichtig und anziehend sind wie Vertrauen, Treue und Feinfühligkeit. Als Wichtige wären hier Mut, Unabhängigkeit, Tatkraft und Führung zu nennen. Er ist tief verwurzelt in der Frauenwelt, hat dort seine besten Freundinnen, ist der Frauenversteher und Zuhörer par excellence. Da er das „primitive“ Imponiergehabe bei Männern als überholt und aggressiv ablehnt, fehlt ihm jeglicher Zugang zur Männerwelt. So holt er sich seine Bestätigung bei Frauen ab – wie einst als Junge von seiner Mutter.

Der einfühlsame Liebhaber

Der nette Kerl ist der nette und einfühlsame Liebhaber. Ich las Bücher über Frauen und die Liebe, war in intimen Kontakten stets zärtlich und einfühlsam, bedrängte niemals eine Frau und fragte mich immer wieder, warum das so wenige Frauen anerkennen und wertschätzen. Der nette Kerl richtet sich stets nach den (sexuellen) Bedürfnissen der Frau, streichelt und massiert stundenlang seine Partnerin und beklagt sich anschließend nie, wenn die Frau danach zu erschöpft ist, seine Phantasien und Bedürfnisse zu erfüllen. In seinem stillen Kämmerchen bereut er es aber oftmals, sich zu sehr zurückgenommen zu haben und nicht auch einmal seine Lust und Fantasie ausgelebt zu haben.

Er ist nicht schüchtern

Es ist durchaus nicht so, dass der nette Kerl unbedingt schüchtern oder kontaktgehemmt sein muss. Auf den Discoabenden war ich dies ja auch nie (wenngleich mit Hilfe des Alkohols, ja). Es kann sogar so sein, dass er von den Frauen ausgesucht und umworben wird. Oder sich durch einen Dritten ein Kontakt einfach so ergibt. Um anschließend stundenlange, ernsthafte und persönliche Gespräche zu führen. Einer Frau imponiert es, wenn du sofort ihr Sternzeichen errätst (war eine meiner „Spezialitäten"), ihr gefällt dein Humor und die Empathie, dein psychologisches Wissen und deine unaufdringliche Art (mein zweites „Fachgebiet"). Oftmals bekam ich zu hören, dass die Frau noch nie einen Mann kennengelernt hätte, der so gut zuhören kann, so offen ist und über ein so breit gefächertes Wissen verfügt. Ich redete und redete, kam aber nicht auf den Punkt. Ich redete mich um Kopf und Kragen. Die Frau spürte dabei nicht, was ich eigentlich von ihr wollte. Vielleicht wusste ich es ja selbst nicht so genau.

Nicht bedrängen

Der fehlende Biss führt dazu, dass der nette Kerl nie in Konkurrenz mit einem „Mitbewerber" geht. Ich kämpfte nie um eine Frau. Getreu dem Motto: *Der Klügere gibt nach.* Stattdessen zog ich mich beleidigt und trotzig wie ein kleiner Junge zurück und schmollte. Natürlich immer mit einem Lächeln auf den Lippen. Sich-Keilen und aggressives Verhalten war stets unter meiner Würde, so redete ich es mir ein. Soll die Frau doch sehen, wo sie bleibt. Leider blieb sie meist bei dem anderen Mann, der entschieden und hartnäckig um sie gekämpft hatte. Der nette Kerl hingegen würde niemals eine Frau bedrängen oder sie zu etwas überreden wollen, das sie nicht mag. Er respektiert stets ein Nein. Vielleicht hast du dich in manchem wiedererkannt? Bist du auch so ein netter und anständiger Mann und Frauenversteher!

Test: Bist du auch ein netter Kerl?

1. Besprichst du deine persönlichen Dinge und Probleme mit Freundinnen anstatt mit Freunden?

2. Vertrauen dir Frauen schnell Persönliches und intime Details an?

3. Würdest du eigentlich lieber mit deinen Freundinnen ins Bett gehen statt mit ihnen zu reden?

4. Fragst du dich öfters, warum deine Freundinnen auf (in deinen Augen) egoistische Machos stehen und nicht auf dich?

5. Würdest du niemals einer Frau wehtun oder sie verletzen wollen?

6. Lässt du dich eher von Frauen ansprechen oder erobern, statt selbst der Aktive zu sein?

7. Lässt du bei Verabredungen lieber die Frau Vorschläge machen und entscheiden?

8. Bestimmt die Frau, mit der du gerade zusammen bist, die Atmosphäre?

9. Fällt es dir schwer, einer Frau direkt deine sexuellen Absichten deutlich zu machen?

10. Kuschelst du öfters, als dass du Sex hast?

11. Steht beim Sex stets die Lust der Partnerin statt deiner eigenen im Vordergrund?

12. Ziehst du dich zurück, wenn ein Konkurrent auftaucht, und vermeidest du den Konflikt?

13. Lehnst du Aggression bei dir und anderen Männern ab?

14. Verstehst du bei befreundeten Paaren, die sich streiten, besser die Sichtweise, die Gefühle und das Verhalten der Frau?

15. Hast du in deinem Elternhaus mehr Verständnis für deine Mutter als für deinen Vater gehabt?

16. Fühlst du dich öfter emotional abhängig in Beziehungen?

(aus: Männlichkeit leben. Die Stärkung des Maskulinen von Björn Thorsten Leimbach)

Wenn du mehr als die Hälfte der Fragen mit Ja beantwortet hast, ist dir das Verhalten des Mr. Nice Guy wohl vertraut.

Nie gelernt, sich abzunabeln

Nette Männer und Liebhaber sind für eine Frau wenig interessant. Sie sind zwar zuverlässig, treu, verständnisvoll und einfühlsam – aber eben auch ohne Feuer. Frauen suchen stets die positiv aggressive Seite im Mann, den Gegenpol. Nette und liebe Männer haben ein gestörtes Verhältnis zu ihrer konstruktiven Aggression. Deshalb werden wir darüber ausführlich in Teil 3 des Buches reden. Ich habe das selbst jahrelang am eigenen Leibe erlebt. Und auch ich musste irgendwann einsehen, dass die einfühlsame Seite allein nicht ausreicht. Frauen wollen umworben und erobert werden. Sie wollen das Feuer in uns Männern spüren. Sie wollen das männliche Begehren spüren. Erst dann fühlen sich Frauen in ihrem Frau-Sein bestätigt.

Der liebe und anständige Kerl hat nie richtig gelernt, sich von Frauen abzunabeln (vor allem nicht von der Mutter) und für sich selbst einzustehen. So läuft er den ganzen Tag mit einem ständig milden Lächeln durch die Gegend (wie ich). Seine zurückhaltende und verständnisvolle Art löst früher oder später im Gegenzug bei der Frau Aggressionen aus. Sie vermisst eine Reibungsfläche, mit Ecken und Kanten. Sie möchte Hitze und Kälte spüren, anstatt immer nur ein lauwarmes und langweiliges *mal schauen*. Das Entscheidende (und oftmals der Trugschluss des netten Kerls): Eine Frau möchte auch mal ein klares Nein hören und spüren! Bleibt dies aus, glaubt sie ihm ein Ja auch nicht wirklich.

Ein Weg der Mitte

Nach diesen Ausführungen könntest du jetzt als Konsequenz daraus anstreben, vom feinfühligen Mann von heute auf morgen zum rücksichtslosen Frauenverachter zu werden. Das wäre allerdings das Dümmste, was du machen könntest! Ein fataler Rückschluss! Und nebenbei gesagt auch völlig wirkungslos. Du kannst nicht gegen einen elementaren Anteil in dir (deine sensible Seite) ankommen. Es wäre ein Kampf, den du nur verlieren kannst. Du kannst diese Seite nicht einfach wie ein Hemd auswechseln. Nein, der Weg muss irgendwo in der Mitte liegen. Zwischen dem sensiblen und dem aggressiven Pol. Oder sagen wir: in Balance zwischen beiden Polen. Mit Zugang zu beiden Polen, sodass beide genutzt werden. Es geht darum, einen Weg zu finden in eine ganzheitliche Männlichkeit. Ein Mann, der seine Männlichkeit und sein Feuer lebt und gleichzeitig mit seinem Herzen verbunden ist, könnte eine zeitgemäße Erneuerung des Typus Mann sein. Ein Mann, der eine Frau mit Respekt und Würde erobert und sie dabei in ihrem Frau-Sein respektiert und würdigt. Der sich wieder ganz in der Würde des Mann-Seins fühlt. Der zärtlich und kraftvoll zugleich ist. Ein sanfter Krieger eben. Entsprechend einer neuen Definition von Mann, der weder in das eine noch das andere Extrem verfällt. Ich bin davon überzeugt, dass es dafür dringend an der Zeit ist. Für uns als Männer und für uns alle.

Doch zuvor wollen wir uns die sensible Seite unserer Männlichkeit etwas genauer anschauen. Was heißt es eigentlich, als Mann hochsensibel zu sein und was können wir mit dieser Anlage alles bewirken?

Teil II:

DER HOCHSENSIBLE MANN

Kapitel 5

Ein bisschen Gefühl, bitte: Hochsensibilität bei Männern

Die spannende Eingangsfrage lautet also: Was bedeutet es als Mann, hochsensibel zu sein?

Aus meinem Verständnis heraus gibt es große Schnittmengen zwischen den Eigenschaften von sensiblen Männern und denen von Frauen. Es ist ja so, dass die hochsensible Seite von uns Männern eher weiblich konnotierten Werten entspricht, wie zum Beispiel Empathie oder Verständnis. Um ein Gespür dafür zu bekommen, was Hochsensibilität bei Männern ausmacht, möchte ich von meinem Alltag im Berufs- und Beziehungsleben der letzten Jahre berichten.

Schon lange bevor ich von meiner Veranlagung der Hochsensibilität im Sommer 2014 erfahren habe, sind mir einige Eigenheiten aufgefallen, die ich bei den meisten anderen nicht bemerkte. Im beruflichen Kontext empfand ich es seit jeher als belastend, in einem Großraumbüro zu arbeiten. Zu viele Eindrücke, zu viel Lärm, zu viele Menschen. Es überforderte mich, ich wurde unruhig und konnte mich nicht konzentrieren. Das erste Mal fiel mir das nach meiner Lehre als Industriekaufmann auf, als ich für ein Jahr in der Finanzbuchhaltung eines mittelständischen Unternehmens arbeitete. Es war zwar ein Großraumbüro, in dem die Arbeitsplätze mit Trennwänden abgetrennt waren, trotzdem bekam man alle Geräusche von den rund 20 Personen im Raum mit. Jedes Telefonat und Gespräch aus der hintersten Ecke hörte ich. Das Nächste, was mir zum beruflichen Kontext einfällt, ist Gewissenhaftigkeit und Sorgfalt, die sich wie ein roter Faden durch meine beruflichen Tätigkeiten ziehen. Als weitere Stärke im beruflichen Kontext würde ich meine schnelle Auffassungsgabe und meinen lösungsorientierten Ansatz nennen. Egal, ob im Büro oder später im Außendienst als Versicherungsvertreter, stets versuchte ich eine tragfähige und *faire* Lösung für alle Seiten zu finden. Probleme sah ich als Herausforderung. Ich war immer davon überzeugt, dass für jedes Problem eine Lösung zu finden war und gab nicht so schnell auf.

Ein weiterer Punkt, der mir bei hochsensiblen Männern einfällt, und den ich ebenfalls als eine meiner großen Stärken ansehen würde, ist das feine Gespür und der Weitblick. Wie ein Seismograph habe ich Veränderungen in privaten und beruflichen Situationen sehr früh bemerkt. Ob geänderte Aufgabenbereiche oder Personalentscheidungen – oftmals hatte ich eine Vorahnung davon, welche Auswirkungen diese Änderungen auf unseren Arbeitsalltag haben könnten. Ich konnte Sachverhalte und Personen in Bezug setzen und miteinander verknüpfen, verborgene Handlungsmotive und Absichten erahnen und ableiten. Grundsätzlich hatte ich in all den Jahren meine größten Probleme im Angestelltendasein mit einem durchorganisierten Arbeitsalltag. Dieser regelmäßige, monotone und immer gleichbleibende Tages- und Arbeitsablauf. Mir fehlte das Arbeiten nach meinem eigenen Tempo und Rhythmus, die Möglichkeit, nach meinem Gusto Pausen einzulegen, ich vermisste die entsprechenden Rückzugsräume gegen Reizüberflutung. Deshalb wählen viele Hochsensible nach einigen Jahren die Selbstständigkeit.

Im zwischenmenschlichen Bereich fallen mir einige Eigenheiten auf. Ich habe einen ausgeprägten und weitgehenden Gerechtigkeitssinn. In Diskussionen und Lästereien im Arbeitsumfeld, verteidigte ich stets die Person, über die gerade gelästert wurde und natürlich nicht anwesend war (das macht das Lästern ja aus). Ich konnte mich regelrecht in sie hineinversetzen, aber auch die Motive der anderen Person erkennen. Abgesehen davon, dass ich es schon immer einfach nur unfair und feige fand, hinter dem Rücken über jemand herzuziehen. Ich spüre sofort, wenn irgendetwas im Argen liegt und verschwiegen wird. Insbesondere mir gegenüber, aber auch unter Kollegen und Freunden. Ich kann mich gut in Dinge und Menschen hineinversetzen und bin sehr feinfühlig. Ich baue schnell eine freundschaftliche und emotionale Beziehung zu Menschen auf, die mir sympathisch sind. Gleichzeitig verletzt es mich aber auch immer sehr, wenn diese Beziehung von anderen dann missbraucht oder nur vorgetäuscht wird. Ich verabscheue aggressives und lautes Verhalten und Reden. Vor allem dann, wenn es völlig hirnlos, plump und egozentrisch ist. Das schnelle Herstellen einer Bindung erstreckt sich auch auf meine privaten Beziehungen. Wie bereits erwähnt, hatte ich als Frauenversteher stets ein offenes Ohr für die Belange und Sorgen von Frauen. Sie bauten leicht Vertrauen zu mir auf und teilten ihre Sorgen mit mir. Meist ging es um irgendwelche „Machotypen", von denen sie ausgenutzt, angelogen und veräppelt wurden, und meist war es so, dass ich sofort mit in ihr Wehklagen über diese primitiven Männer einstimmte. Männer sind eben Schweine – und gegen diese Aussage hatte ich nichts einzuwenden, weil ich mich nicht als einer dieser Typen fühlte. Ich war der männliche Verbündete der Frauen, was ihnen sehr gefiel, weil ich ihnen dadurch viele „Insidertipps" geben konnte, wie sie einen verständnisvollen und treuen Mann (wie mich) von diesen „ungehobelten" Männern unterscheiden konnten.

In Partnerschaften und Freundschaften hatte ich oftmals das Gefühl, mich mehr einzubringen als meine Partnerin beziehungsweise mein Kumpel. Oftmals bin ich von oberflächlichen Gesprächen gelangweilt, mir fehlt dabei die Tiefe und der Sinn, was die Partner- und Freundeswahl nicht gerade erleichtert. Überhaupt bin ich seit jeher ein Sinnsucher. Dieses nagende Gefühl, etwas aus dieser Chance namens Leben machen zu wollen, darin eine Sinnhaftigkeit zu finden, führte mich früh zu den östlichen Philosophien und Religionen. Mit 25 fing ich im Stil des Zen-Buddhismus an zu meditieren. Ich verschlang alles, was mir in die Hände fiel über Buddhismus, Bewusstseinsforschung und Philosophie. Lesen wurde meine Passion. Es half mir, aus der drögen und oberflächlichen Alltagswelt auszubrechen.

Durch meine gefühlte Andersartigkeit und dem schmerzlich wahrgenommenen Mangel an Verständnis und Einfühlung durch andere, nahm ich mich seit meiner Jugend als Außenseiter wahr. Ich hatte schon eine Handvoll Freunde, mit denen ich im Wald Verstecke baute und später mit dem Moped durch die Gegend fuhr, doch erwärmten diese Freundschaften nie mein ganzes Herz. Vor allem befriedigten sie nicht meine Sehnsucht nach Tiefe und Wahrhaftigkeit. Stets war ich am Zweifeln und Hinterfragen. In späteren Jahren bereitete es mir eine regelrechte Freude und Entspannung, mich für zwei Stunden in ein Café zu setzen, die vorbeiziehenden und anwesenden Menschen zu beobachten. Ähnliche Beschreibungen des beruflichen und privaten Lebens wie meine, finden sich in vielen Berichten und Interviews von hochsensiblen Männern. Natürlich nicht eins zu eins, aber ich konnte doch etliche Gemeinsamkeiten in ihrer Sozialisation mit mir entdecken.

Umfrageergebnisse

Laut einer Umfrage der Autorin Sylvia Harke, die sie auf ihrer Homepage (www.hochsensibilitaet-seminare.de) durchgeführt und in ihrem Buch *Hochsensibel – was tun?* beschrieben hat, haben hochsensible Männer ein sehr ambivalentes Verhältnis zu ihrer Veranlagung.(5) Auf der einen Seite empfinden sie ihre Hochsensibilität als extrem negativ und beeinträchtigend, was zum Beispiel die Geräusch- und Geruchsempfindlichkeit, Schwierigkeiten in Menschenansammlungen oder den Umgang mit den eigenen Gefühlen angeht. Auf der anderen Seite beschreiben diese Männer Eigenschaften wie Einfühlungsvermögen, erweiterte Wahrnehmung, soziale Intelligenz und Kreativität, genauso wie ich weiter oben aus meiner Erfahrung als hochsensibler Mann.

Interessant ist auch, wie viele Männer rückblickend darüber berichten, dass ihnen ihre

Andersartigkeit schon in Kindheit und Jugend aufgefallen ist, was sich ebenfalls mit meinem eigenen Erleben deckt. Auch wenn seinerzeit die genaue Einordnung und Begrifflichkeit für diese Andersartigkeit noch fehlte. Weiter geht aus der Umfrage hervor, dass diese wahrgenommene Andersartigkeit, gepaart mit dem großen Einfühlungsvermögen und der erhöhten Empfindsamkeit, im näheren Umfeld von hochsensiblen Männern häufig zu Irritationen und Missverständnissen führte, was oftmals das Gefühl eines Außenseiterdaseins hinterließ.

Partnerschaften von hochsensiblen Männern

Sehr spannend fand ich auch die Auswertungen in Bezug auf das Beziehungs- und Liebesleben von hochsensiblen Männern. Laut der Umfrage war jeder zweite hochsensible Mann Single. Ein Ergebnis, das mich persönlich nicht wirklich verwunderte, da ich ja jahrelang selbst ein (einsames) Singledasein fristete. Hier erkennen wir auch gleich ein großes Spannungsfeld für jeden hochsensiblen Mann. Die Gründe für die hohe Zahl an Singles unter hochsensiblen Männern sind schnell genannt: Schüchternheit, sozialer Rückzug und das erhöhte Bedürfnis nach Erholung und Freiraum erschweren das

Kennenlernen einer Frau und die Freude am partnerschaftlichen Leben. Außerdem können Frauen auf hochsensible Männer irritiert reagieren, da sie diese als zu wenig männlich empfinden. In Freundschaften werden hochsensible Männer aufgrund ihrer Einfühlung oftmals als Gesprächspartner geschätzt – aber eben nicht für mehr. Aussagen und Verhaltensweisen, die ich aus eigener Erfahrung vollends bestätigen kann. Auch wenn ich des Öfteren versucht habe, diese Freundschaften zu Frauen weiterzuentwickeln – sprich in Richtung Partnerschaft – kam es mir mitunter so vor, als würde ich gegen eine unsichtbare Mauer rennen. Was nicht heißen soll, dass hochsensible Männer gar keine Partnerschaften eingehen können. Nein, ganz im Gegenteil. Falls solch eine Verbindung zustande kommt, öffnet ein hochsensibler Mann sein ganzes Schatzkästchen an Gefühlen und Aufmerksamkeiten. Er öffnet sein Herz und zeigt sich je nach Tiefe der Verbindung in seiner ganzen Verletzlichkeit. Diese Herzensverbindung kann sehr innig sein. So verwundert es nicht, dass ein weiteres Ergebnis aus Sylvia Harkes Umfrage ist, dass hochsensible Männer nach einer Trennung mehr Zeit für die Verarbeitung der Beziehung und der tiefen Gefühle brauchen. Genauso, wie es mir nach einer schmerzhaften Trennung im Sommer 2014 erging.

Die Seelenpartnerin finden

Trotzdem kannst du das Universum um etwas Unterstützung bitten. Indem du dir eine Liste mit Eigenschaften deines „idealen“ Partners machst. Es ist günstig, dich in Kreisen zu bewegen, wo sich deine potenzielle Seelenpartnerin aufgrund gemeinsamer Interessen aufhalten könnte. (Kunstausstellungen, Museen, Sportveranstaltungen, Lesungen etc.).

Schreibe alles auf, was deine Seelenpartnerin mitbringen sollte:

- Charaktereigenschaften
- Körperliches Aussehen (fixiere dich nicht zu sehr darauf)
- Spirituelle Ansichten
- Soziales und kulturelles Umfeld
- Hobbys
- Zukunftspläne
- Gewünschter Wohnort

Versuche, so detailliert wie möglich zu sein. Wenn du die Liste fertig hast, lege sie zur Seite und denke nicht mehr daran. Lass los und überlasse dem Leben die Arbeit. Es geht nicht um etwas „Übersinnliches“, sondern um ein Bewusstmachen deiner Wünsche, damit du künftig aufmerksamer bist, sollte eine geeignete Frau über den Weg laufen.

Was macht eine Seelenpartnerschaft nun aus?

Die Autorin Sylvia Harke schreibt dazu in ihrem Buch *Hochsensibel – was tun?:* „Eine Seelenpartnerschaft zeichnet sich dadurch aus, dass es nicht nur um das gemeinsame physische Überleben geht oder um die ‚Aufzucht‘ von Nachwuchs, sondern dass das Paar gemeinsame Projekte erschafft, die über den Zweck der Beziehung hinausgehen, und dass Heilung auf der Herzensebene stattfinden kann. Diese Heilung kann nur geschehen, wenn die Partner ihre Masken fallen lassen und sich trauen, sich einander vollkommen authentisch und in ihrer Verletzlichkeit zu begegnen.“(6) Wie wir im ersten Teil des Buches gesehen haben, prägen alte Rollenbilder und Klischees oftmals noch die Vorlieben von Frauen bei der Partnerwahl. Ein gutsituierter Mann, der mitten im Leben steht und finanziell eine Familie ernähren kann, ist heutzutage oftmals immer noch die Traumvorstellung. Auch diese Vorstellung kann für einen hochsensiblen Mann zum Hindernis werden. Viele sensible Männer sind (Überlebens-)Künstler, Selbstständige oder einfach nur Idealisten, die das ständige Gehetze ums Geldverdienen kategorisch ablehnen und somit auch nur wenig finanzielle Mittel zur Verfügung haben, was wiederum eine Frau im Sinne der alten Rollenbilder nicht wirklich anzieht.

Freundschaften von hochsensiblen Männern

Der Austausch mit Gleichgesinnten ist für jeden Menschen eine wichtige und bereichernde Angelegenheit. Für uns Hochsensible trifft das im erhöhtem Maße zu, aufgrund der vielfach erlebten Zurückweisungen in Kindheit und Jugend. Umso erfreulicher ist es, dass jeder zweite Mann in der Umfrage angab, hochsensible Freunde zu haben. Leider ist es so, dass 30 % der befragten Männer in ihrem Umfeld keine gleich gesinnten Freunde haben, mit denen sie sich authentisch und offen austauschen können. Ganz allgemein ziehen wir hochsensiblen Männer eher wenige, tiefere Freundschaften vielen oberflächlichen Kontakten und Freunden vor. Ich kann dies aus meinem ureigenen Empfinden heraus nur bestätigen.

Nun haben wir ein breites Bild über die Merkmale und Eigenschaften eines hochsensiblen Mannes zusammengetragen. Seine Sozialisation, seine Erfahrungen mit dem anderen Geschlecht, seine Stärken und Schwächen. Doch eine Frage bleibt offen, und die ist für unser Selbstverständnis und Bewusstsein elementar: Was können wir mit dem Erkennen und Annehmen unserer sensiblen Ader in der heutigen Gesellschaft eigentlich bewirken?

Kapitel 6

4 Impulse, die hochsensible Männer in die Gesellschaft einbringen können

1. Entwicklung eines neuen Familienbildes

„Und so ist jedes Kind, jedes auf seine besondere Weise, hoch begabt. Es startet seine Reise ins Leben mit einer Fülle an Möglichkeiten. Das Überangebot an Vernetzungsoptionen wird immer noch nicht richtig gewürdigt. Aufgabe von Erziehung kann es nur sein, jedem Kind eine Welt zu bieten, in der es Gelegenheit bekommt, möglichst viele dieser in seinem Gehirn angelegten Vernetzungsoptionen zu stabilisieren. Das müsste eine Lebenswelt sein, in der es Freude daran hat, alles zu erkunden, zu entdecken, zu erforschen und zu lernen.“(7)

Diese klugen Worte schreibt der bekannte Hirnforscher Gerald Hüther in seinem lesenswerten Buch *Jedes Kind ist hoch begabt*. Seine Worte sind ein schöner Einstieg in eines meiner ganz persönlichen Herzensthemen als hochsensibler Mann: Der Entwicklung eines neuen Familienbildes und eines neuen Verständnisses von Kindererziehung. Ich bin zutiefst davon überzeugt, dass das Verkörpern eines neuen männlichen Vorbilds sowie ein neuer Ansatz in der Erziehung, der von Wertschätzung und Liebe geprägt ist, eines der großen Wirkungsfelder in der Gesellschaft für uns hochsensible Männer sein kann – und sogar sein muss. Zu vieles läuft schief aufgrund von überholten Vorstellungen und dem unreflektierten Weitergeben eigener negativer Erlebnisse.

Ein Beispiel aus meinem Alltag soll dies verdeutlichen:

Ich sitze auf einer Bank am See und lese. Neben mir nimmt ein Paar mit Kind Platz. Der kleine Sohn, wenige Monate alt, wird vom Vater auf dem Arm getragen. Wenige Sekunden nachdem sie sich hingesetzt hatten, trägt die Frau ihrem Mann auf, den Kleinen in den Kinderwagen zu legen. Abgeschnitten von der Wärme und Nähe des Vaters fängt der Kleine sofort an zu quengeln. Kommentar von der Mutter: „Sei jetzt wieder brav, du warst lange genug auf dem Arm von Papa!“ Gefolgt vom nächsten Satz an den Mann: „Gib ihm gleich die Flasche und schau wo der Nucki (Schnuller) ist.“ Durch diese Ruhigstellung wird das Quengeln des Kleinen leiser. Offensichtlich zufrieden, von dieser „Last“ befreit zu sein, packen die Eltern ihre Döner aus und essen genüsslich und schmatzend. Während des banalen Smalltalks (den ich als Hochsensibler nicht ausblenden kann) der Eltern, wird ein erneutes Weinen mit Schaukeln am Kinderwagen und der Gabe von Schnuller und Flasche schnell unterbunden.

So eine Szene berührt und verärgert mich jedes Mal aufs Neue. Ich konnte sofort die vernachlässigten Grundbedürfnisse des Säuglings erspüren. Natürlich ist dies kein krasser Fall von Vernachlässigung – aber es zeigt eine Tendenz und Grundhaltung auf. Es ist allseits bekannt, dass ein Kind in den ersten Monaten seines Lebens nur drei Dinge benötigt: *Wärme, Zuwendung und Nahrung* (am besten in Form von Muttermilch). Die Tendenz, die an diesem Beispiel ersichtlich ist, ist die, dass Kinder zunehmend als laut und störend empfunden werden. Natürlich ist es auch sehr wichtig, dass die Eltern auf ihre Bedürfnisse und Grenzen achten, damit sie in ihrer Mitte und im Gleichgewicht bleiben können. Keine Frage.

Doch gerade ein Neugeborenes ist unmittelbar auf die Bedürfnisbefriedigung und Verbundenheit von seinen Bezugspersonen angewiesen. Die unmittelbare Fürsorge ist existenziell für den Säugling, da er sich seine Bedürfnisse in den ersten Monaten nicht selbst befriedigen kann – im Gegensatz zu einem Erwachsenen. Er kann auch noch nicht differenzieren oder abschätzen, ob es jetzt angebracht ist, nach Nahrung, Wärme oder Zuwendung zu schreien, zum Beispiel, weil die Eltern gerade selbst essen wollen. Der Säugling kann seine Bedürfnisse nur direkt ausdrücken und vertraut darauf, dass diese Bedürfnisse auch sofort befriedigt werden, so, wie er das aus dem Mutterleib kennt.

„Die Erfahrung, in engster Verbundenheit mit jemandem zu wachsen, haben alle Kinder bereits vorgeburtlich und zumindest auch eine Zeitlang nach ihrer Geburt gemacht. Diese Grunderfahrung ist tief in ihrem Gehirn verankert und schon vor der Geburt zu einer Erwartungshaltung verdichtet worden“, schreibt dazu Gerald

Hüther wiederum sehr richtig und treffend.(8) Viele heutige Eltern wissen es einfach nicht besser und geben einfach das weiter, was sie selbst in ihrer Erziehung und Kindheit erfahren haben. Diese Erziehung war in den vergangenen Jahrzehnten vom Schwarz-Weiß-Denken „lieb“ oder „böse“ sein geprägt – und ist es größtenteils heute noch. „Bist du brav und lieb, bekommst du Liebe und Aufmerksamkeit. Bist du böse und ungehorsam, wirst du mit Missachtung und Sanktionen bestraft“, ist die versteckte Botschaft hinter all diesen Handlungen. Doch das ist totaler Nonsens und hat immense negative Auswirkungen auf die gesunde Entwicklung eines Kindes. Gerald Hüther sagt dazu: „Wer nach wie vor meint, Kinder mit Bestrafung und Belohnung dazu bringen zu müssen, sich so zu verhalten, wie er das möchte, erzieht nicht. Er richtet ab. Dressiert. Ein Kind erlebt diese Versuche als Verletzung seines tiefen Bedürfnisses nach Verbundenheit. Es macht die schmerzvolle Erfahrung, dass es so, wie es ist, nicht richtig ist, und dass es sich so verhalten muss, wie es seine ‚Erzieher‘ wünschen, damit es von ihnen wieder angenommen wird und dazugehören darf.“(9)

Mir ist natürlich sehr bewusst, dass Erziehung ein sehr weites und komplexes Feld ist. Und es sicherlich keinen „Königsweg“ für eine gelingende Erziehung eines Kindes hin zu einem reifen und verantwortlichen Erwachsenen gibt, sondern eher wohl viele kleine Pfade und auch mal Irrwege. Es geht mir hier auch nicht um Schuld oder Versagen. Eher um ein Umdenken! Um was es mir geht, und was ich als Aufgabe von uns hochsensiblen Männern ansehe, ist eine grundsätzlich neue Haltung in Erziehungsfragen. Eine Haltung gegenüber Kindern, die von Wertschätzung und Achtung und vor allem von *gelebter Liebe* geprägt ist. Ein Kleinkind merkt sofort, wenn ein Erwachsener seine Bedürfnisse und Wünsche wahrnimmt, wenn es von ihm ernst genommen wird. Als Mensch und Individuum. Kinder wollen gesehen und respektiert werden – egal in welchem Alter! Erst dann blüht ein Kind richtig auf. Mir geht es darum, dass gesehen werden alleine nicht reicht, dass es darauf ankommt, welche Rückmeldungen Kinder bekommen: wertschätzende, respektvolle, die Würde achtende oder urteilende.

Dieses Aufblühen von Kindern aufgrund einer wertschätzenden Haltung kann ich dir aus jahrelanger Erfahrung im Umgang mit Kindern bestätigen, zuletzt als Taxifahrer, als ich zweimal täglich eine Kindergartentour gefahren bin. Die aktuelle Hirnforschung um den renommierten und von mir geschätzten Gerald Hüther bestätigt die Bedeutung der wertschätzenden und einladenden Haltung gegenüber Kindern und plädiert für eine andere Art von Lernen und Erziehung in Schulen und Kindergärten. Diese neue Art von Lernen und Erziehung wäre von Begeisterung und Abenteuer geprägt, indem ein Erwachsener ein Kind mit seinem eigenen Enthusiasmus für eine Sache ansteckt und das Kind seine eigenen Erfahrungen machen lässt. „Wer erreichen möchte, dass Kinder in Freiräumen auch genau die Erfahrungen machen, auf die es im Verlauf ihres weiteren Lebens besonders ankommt, müsste versuchen, das Interesse des Kindes auf die spielerische Entdeckung und Erprobung eben dieser Fähigkeiten und Fertigkeiten zu lenken. Das gelingt am leichtesten, wenn man sein Kind für etwas begeistern kann. Für etwas, was einen selbst begeistert. Wer ein passionierter Segler ist, wird das auch seinem Kind vermitteln können. Er wird es mit seinem Enthusiasmus mitreißen können, solange er es nicht zum Segeln zwingt."(10)

Insbesondere für Jungen ist eine neue Haltung in Kindergarten und Schule wichtig. Es fehlt ihnen nämlich an männlichen Vorbildern, die sie auf dem Weg ins eigene Leben begleiten. Wie wir gesehen haben, wird heute versucht, Jungen und Männern jegliche Art von Aggression abzuerziehen. Diese männlichen Vorbilder fehlen in einer vaterlosen Gesellschaft seit mindestens zwei Generationen. Entweder sind die Väter im zweiten Weltkrieg gefallen oder sie haben ihn selbst als Kinder erlebt. Beides hat enorme Auswirkungen auf die Psyche der Männer gehabt. Aus diesen verheerenden Zeiten gingen sie oftmals mit gravierenden emotionalen Traumatisierungen hervor, die sie mit nach Hause nahmen und in ihre Familien trugen. In den 50er Jahren herrschte keine Kultur der emotionalen Aufarbeitung von erlittenen Kriegstraumata, es musste ein Land neu aufgebaut werden. Stattdessen herrschte eine Kultur des Schweigens. Durch dieses Schweigen wurden die Traumata durch Erziehung und Prägung weitestgehend unreflektiert an die nächste Generation weitergeben – an unsere Eltern. Und nun liegt es an unserer heutigen Generation, auch an uns hochsensiblen Männern, die alten familiären und kollektiven Wunden zu heilen, sonst geht der Prozess der unreflektierten Weitergabe von Generation zu Generation immer weiter. Dass dieses Ausschweigen der eigenen Verletzungen und Emotionen wirklich existiert, erlebte ich im eigenen Elternhaus, in dem drei Generationen (Großeltern, Eltern, Kinder) seit meiner Geburt miteinander lebten. „Das Wichtigste wäre ein richtig guter Vater", bemerkt dazu Gerald Hüther in einem Interview mit der Frankfurter Allgemeinen Zeitung.(11) Er meint damit, dass Kinder, vor allem Jungs, einen authentischen Vater als Vorbild brauchen, bei dem Denken, Handeln und Fühlen eine Einheit bilden. „Nur unter dem einfühlsamen Schutz und der kompetenten Anleitung durch erwachsene Vorbilder können Kinder ihre eigenen Fähigkeiten erkennen und weiterentwickeln. Nur so kann im Frontalhirn ein eigenes, inneres Bild von Selbstwirksamkeit stabilisiert und für die Selbstmotivation in allen nachfolgenden Lernprozessen genutzt werden. Nur so gelingt es Kindern, sich im heutigen Wirrwarr von Anforderungen, Angeboten und Erwartungen zurechtzufinden."(11)

Genau hier liegt unsere Chance als hochsensible Männer und Väter. Weil wir einen guten Zugang zu unserem Denken, Handeln und Fühlen haben und somit ein taugliches, männliches Vorbild und ein authentischer Vater für unsere Kinder sein können.

2. Verantwortung für Umwelt, Mensch und Tier

Allgemein besitzen wir Hochsensiblen ein großes Verantwortungsgefühl für uns und unsere Umwelt. Durch die tiefere Verarbeitung von Gedanken und Eindrücken verfügen wir über die Fähigkeit eines vernetzten Denkens. Wir stellen Querverbindungen zwischen verschiedenen Perspektiven und Meinungen her. Man könnte sagen, wir haben ein interdisziplinäres Denken. So zumindest ist es bei mir und vielen anderen Hochsensiblen, die ich kennengelernt habe. Für uns hochsensible Männer liegt hier eine große Chance und gleichzeitig auch Aufgabe. Unsere Gesellschaft und Wirtschaft wird größtenteils noch von sehr maskulinen oder patriarchalen Männern gelenkt, die meist von egoistischen und profitorientierten Motiven angetrieben werden.

Ihnen fehlt der Zugang zur ihrer empathischen Seite, die ganz sicher jeder Mann als Potenzial besitzt. Zudem mangelt es ihnen häufig an einem langfristigen und nachhaltigen Denken. Umgangssprachlich ausgedrückt wollen oder können sie nicht über den eigenen Tellerrand schauen. Schnelle und leicht umsetzbare Lösungen sollen die Macht und den Profit sichern.

Durch unser vernetztes Denken, das die Auswirkungen unseres Handelns oder Nicht-Handelns abschätzen kann, können wir als hochsensible Männer einen wichtigen Gegenimpuls setzen. Dazu können eine nachhaltige und minimalistische Lebensweise, ein bewusster Konsum und eine vegane Ernährungsweise gehören. Nehmen wir die vegane Ernährungsweise als Beispiel für einen nachhaltigen und verantwortungsbewussten Lebensstil. Allein in den Industrieländern werden pro Kopf und Jahr rund 80 kg Fleisch verbraucht. Seit 1970 hat sich laut einem Sonderbericht der Vereinten Nationen die Fleischproduktion weltweit verdreifacht, auf stolze 300 Millionen Tonnen im Jahr (2010). Die Fleischproduktion ist deshalb so problematisch, weil sie Unmengen von natürlichen Ressourcen und Rohstoffen verbraucht. Um 1 Kilogramm

Fleisch herzustellen, benötigt man 15.000 Liter Wasser. Das sind mehr als 100 (!) Badewannen voller Wasser.

Für die weltweite Massentierhaltung bedarf es riesiger landwirtschaftlich genutzter Flächen, um Soja für das Futtermittel anzubauen. Laut Weltagrarbericht 2009 werden 26 % der eisfreien Erdoberfläche für die Viehwirtschaft genutzt. Rund 3,4 Milliarden Hektar sind Weideflächen und 0,5 Milliarden Hektar entfallen auf den Futtermittelanbau. Diese Flächen fehlen dann wiederum um genügend Getreide für die menschliche Ernährung anzubauen, worunter insbesondere die Dritte Welt leidet.

Insofern leben die reichen und fleischlastigen Industrieländer auf Kosten der Dritten Welt und der enorme Fleischkonsum verstärkt nicht nur den Hunger in der Welt, sondern ist sogar einer seiner Hauptgründe. Die aktuelle Flüchtlingskrise in Europa ist eine der Folgeerscheinungen dieses jahrzehntelangen Ungleichgewichts in der Welt – und war im Übrigen schon lange absehbar. Was haben wir erwartet? Dass wir auf Dauer unseren Wohlstand auf Kosten von Dritten aufrechterhalten können?

Die Globalisierung klopft nun an unsere wohlbehütete Haustür. Wie bisher kann es nicht weitergeben, dies sollte jedem vernünftig denkenden Menschen klar geworden sein. Es bedarf neuer Ansätze und Ideen. Und es bedarf auf globaler und individueller Ebene Pioniere, die diese neuen Ideen in die Welt tragen und vertreten. Es muss nicht immer gleich die große Politik oder eine komplette Lebensumstellung sein – jeder hat die Chance und Möglichkeit, im Kleinen und Alltäglichen etwas zu verändern und neu zu gestalten. Unsere Erde und unsere (Kindes-)Kinder werden es uns danken.

3. Integration weiblicher Aspekte

Die Integration von Aspekten, die üblicherweise eher dem weiblichen Wesen zugeschrieben werden, ist eine wesentliche Voraussetzung für ein größeres Verantwortungsgefühl. Mit weiblich konnotierten Eigenschaften wird meist Emotionalität, Empathie, Mitgefühl, Kreativität und Naturverbundenheit assoziiert. Also alles Werte, die wir als hochsensible Männer meist unser eigen nennen und die uns gleichzeitig von einem sehr maskulinen Mann unterscheiden. Damit möchte ich aber nicht ausdrücken, dass du als hochsensibler Mann die sensible Seite überbetonen sollst oder dass diese Seite gar heute einen richtigen Mann ausmacht. Du solltest lediglich zu deiner sensiblen Seite stehen und sie zusammen mit deiner kraftvollen und maskulinen Seite leben, die sehr viel mit der Annahme einer konstruktiven Aggression zu tun hat. Erst dann bist du ganz in deiner Mitte und in deinem Herzen und fühlst dich als ganzer Mann. Wenn du Mut und Rückgrat entwickelst, zu deinen Meinungen und Ansichten stehst, vor allem auch dann, wenn sie gegen die vorherrschende Meinung zuwiderlaufen.

Wie schon des Öfteren erwähnt, geht es aus meiner Sicht um eine harmonische Integration zwischen unserer sensiblen und unserer archaischen Seite. Was das genau bedeutet, und wie wir das erreichen können, werden wir im weiteren Verlauf noch näher betrachten. Auf jeden Fall ist es so, dass dieses Potenzial in dir als hochsensiblem Mann schlummert: Die Verbindung von weiblichen Werten wie Mitgefühl, Einfühlungsvermögen und Kreativität mit männlichen Werten wie Mut, Entschiedenheit und Tatkraft.

4. Den Erwartungsdruck unserer Leistungsgesellschaft trotzen

Diesen Impuls halte ich für sehr elementar. Und er betrifft mich wiederum ganz persönlich. Was musste ich in den letzten Jahren für existentielle (Überlebens-)Kämpfe aushalten und durchstehen und dabei gleichzeitig versuchen, meinen Werten und Anschauungen treu zu bleiben. Mich nicht gänzlich zu verraten. Diese Kämpfe waren für mich eine riesige Herausforderung, sie stellten für mein Seelenleben ein enormes Spannungsverhältnis dar. Egal, in welchem Bereich ich tätig war, von Büro bis zur Briefzustellung, überall konnte ich eine stetige Zunahme von Erwartungs- und Leistungsdruck feststellen. Mit den entsprechenden Auswirkungen auf die Angestellten und Arbeiter. Die Krankmeldungen schießen seit Jahren in die Höhe, insbesondere was psychische Erkrankungen wie Burnout und Depression angeht. Um diese tägliche Anspannung überhaupt noch aushalten zu können, greifen immer mehr Menschen regelmäßig zu Drogen, Medikamenten und Alkohol. Das behaupte ich nicht einfach vom grünen Tisch aus, sondern konnte es oftmals mit eigenen Augen mitansehen. Gott sei Dank kam es bei mir nie so weit, doch verspürte auch ich starke psychosomatische Symptome wie Schlafstörungen, nervliche Anspannung und Magen-Darm-Probleme. Nicht zuletzt deshalb sehe ich es als eine der größten Aufgaben und Herausforderungen unserer Zeit an, unsere eigene Vision und Mission im Leben zu finden. Erst recht als hochsensible Männer, weil wir oft mit den Werten unseres Umfelds nicht viel anfangen können und uns verkehrt fühlen. Gerade für einen Mann ist eine Vision, eine Aufgabe in unserem Leben von großer Bedeutung, da uns diese, einmal gefunden, wie ein Magnet nach vorne zieht, uns eine Richtung im Leben gibt. Bleibt die Visionsfindung aus, treiben wir wie ein Blatt im Wind umher – ohne Perspektive, Spannkraft und Orientierung. Ein Zustand, den ich allzu gut kenne. „Ich passe einfach nicht in dieses System", war einer meiner beliebtesten Aussprüche der letzten Jahre. Ich hielt mich für nicht richtig, nicht leistungsfähig und dachte, ich würde es nie zu etwas bringen. Doch sind wir als hochsensible Männer sehr wohl leistungsfähig, geben meist mehr als 100 %, nur halt in einem anderen Tempo und Rhythmus.

Das Internetzeitalter bietet neben all den bedenklichen Entwicklungen auch ganz neue und kreative Möglichkeiten, seinen Lebensunterhalt zu verdienen. Zwanzig Jahre lang war ich auf der Suche nach meiner Berufung, war Versicherungsvertreter, Vertriebsassistent, Küchenspüler, Lagerarbeiter, Briefträger, Pflegeassistent und Taxifahrer, bis ich durch das Verständnis meiner Hochsensibilität und die Möglichkeiten des digitalen Zeitalters endlich meine Nische fand und meinen Blog eröffnete. Mittlerweile gibt es viele Anbieter von Seminaren und Workshops, speziell auf Hochsensible ausgerichtet, die dir helfen, deine Vision im Leben zu finden (siehe weiterführende Links).

Ein (hochsensibler) Mann braucht eine Vision und ein Ziel, das aus ihm heraus brennt und ihn vorantreibt. Dann entwickelt er eine ganz neue Energie und Ausstrahlung, die auch seinem Umfeld nicht lange verborgen bleiben wird. Deine Vision wirst du finden, wenn du nicht aufgibst und an dein in dir schlummerndes Potenzial glaubst, das in die Welt getragen werden möchte. Als dein ganz persönlicher Beitrag. Als Beitrag eines hochsensiblen und ganzheitlich denkenden Mannes!

Kapitel 7

Die Philosophie des Tantra

Die stetige Effizienz- und Leistungssteigerung im Berufsleben überträgt sich oftmals auch ins Bett. Männer glauben dann, sie müssten nur schnell zum Orgasmus kommen und die Frau so richtig hart rannehmen. Von Einfühlungsvermögen für die Frau keine Spur. Dies ist sicherlich eine Seite von männlicher Sexualität, die wilde und lustvolle, und dagegen ist (auch mal) nichts einzuwenden. Aber oftmals ist uns das als hochsensibler Mann zu wenig. Wir suchen in der Sexualität nach Verschmelzung, Auflösung und Einssein. Nach der Verbundenheit und der Liebe mit unserer Partnerin. Und dies ist auch ganz sicher möglich.

Meine erste Tantra-Massage

Als ich vor zweieinhalb Jahren an den Bodensee zog, kam ich das erste Mal in meinem Leben mit einer Tantra-Massage in Berührung. Ich war einfach neugierig darauf. In den letzten Jahren hörte ich immer wieder mal von „Lingam"- und „Yoni"-Massagen. Während meiner beruflichen Auszeit lebte ich für vier Monate bei einem Ehepaar, die beide sowohl selbst Tantra-Massagen gaben als auch selbst in ihrem Liebesleben Tantra praktizierten. Ich hätte sogar die Möglichkeit gehabt, in den Genuss einer kostenfreien „Lingam"-Massage zu kommen. Doch irgendwie traute ich mich das damals noch nicht. Frisch in meiner neuen Heimat, immer noch Single und nun viel offener, tippte ich eines Tages bei Google „Tantra-Massage Bodensee" ein. Und siehe da: Es gab ein Institut direkt am See, das nur wenige Kilometer von mir entfernt war. Geleitet von einer jungen und attraktiven Frau, soweit man das von ihrem Profilbild her sagen konnte. Auch was ich sonst auf der Homepage las, gefiel mir. Leider ist der Ausdruck „Tantra" in den letzten Jahren sehr inflationär gebraucht worden. Zum Teil sind diese Massagen sogar schon im Rotlichtmilieu angesiedelt, wo es eben nicht um ein ganzheitliches und transzendentes Erlebnis geht, sondern um eine schnelle Lustbefriedigung und Geldmacherei. Doch was ich bei dieser Frau las, hörte sich ganz anders an. Ich habe Tantra als alte Philosophie verstanden: Ein Heilungsweg auf ganzheitlicher Ebene, bei dem die sexuelle Energie mit einbezogen wird. Da Papier (oder in diesem Fall der Bildschirm) bekanntlich geduldig ist, rief ich die Masseurin an und vereinbarte einen Termin zum Kennenlernen. Schon in den ersten Minuten des Gesprächs bekam ich den Eindruck, dass es dieser Frau nicht um schnelles Geldverdienen geht, sondern das hier jemand seine Berufung lebt und Tantra als einen Weg der Selbstfindung und Heilung durch den Körper ansieht. Wir vereinbarten einen Termin für eine einstündige Massage. In der darauffolgenden Woche war es soweit. Voller Aufregung, Spannung und Neugier ging ich dem Termin entgegen. Vor der Massage fand ein Vorgespräch statt, um Erwartungen, Vorkenntnisse, Einschränkungen und Erfahrungen abzuklären.

Diese erste Massage war für mich eines der tiefgreifendsten Erlebnisse meines bisherigen Lebens. Ich konnte meinem Gespür vertrauen und wurde nicht enttäuscht. Die Masseurin schaffte einen Raum voller Wärme, Hingabe und Liebe. Ich spürte sofort, dass hier jemand nicht einfach einen Job ausübte, sondern seine Berufung lebte. Der Raum war abgedunkelt, angenehm erwärmt, im Hintergrund lief beruhigende Musik. Ich vertraute mich der Frau und dem Prozess vollkommen an und konnte mich so seit langem mal wieder richtig fallen lassen. Loslassen, gerade für mich als Mann und Liebhaber, der immer die Kontrolle behalten möchte. Um es hier gleich zu betonen: Bei einer Tantra-Massage findet keine sexuelle Vereinigung statt. Es ist eine Ganzkörpermassage, die zwar nackt ausgeführt wird und den Genitalbereich mit einbezieht, bei der der Mann aber ansonsten völlig passiv auf der Matratze liegt. Natürlich darf eine aufkommende Ekstase körperlich und verbal gezeigt werden, aber ohne dabei die Masseurin zu berühren. Es gibt auch keine Fixierung auf einen Orgasmus. Er kann geschehen, muss aber nicht. Anstatt eines Orgasmus stieg bei dieser ersten Massage etwas ganz anderes in mir auf: mir kamen die Tränen. Und zwar aus einer körperlichen Tiefe, wie ich sie zuvor noch nie erlebt hatte.

An diesem Beispiel magst du erkennen, worum es beim Tantra geht. Es geht unter anderem darum, Blockaden und Schichten im energetischen System zu lösen. Diese Loslösung ist eine der Grundvoraussetzungen, damit die sexuelle Energie frei durch den ganzen Körper zirkulieren kann und so etwas wie absichtslose Präsenz und reines Sein entstehen kann. Insofern ist Tantra auch ein Heilungsweg auf körperlicher Ebene, um sich von alten Wunden und Konditionierungen zu lösen. Doch für eine erfüllte Sexualität bedarf es mehr. Es bedarf der Präsenz und des inneren Feuers in uns als Mann.

Sex ohne inneres Feuer

Unser inneres Kriegerpotenzial steht für unsere konstruktive Aggression und Leidenschaft. Erst diese macht uns Männer leidenschaftlich und wild. Sie weckt die uralte, animalische Seite der Sexualität in uns: die reine Lust. Sie lässt uns eine Frau erobern und sie unsere Kraft und Wildheit spüren. Ohne dieses Aggressionspotenzial spüren wir kein sexuelles Verlangen, keinen Eroberungswillen und keine Leidenschaft. Durch das Kriegerpotenzial entsteht eine erotische und pulsierende Schwingung, die eine Frau erfassen und mitreißen kann.

Nach allem, was ich in den vergangenen Jahren im Umgang mit Frauen erlebt habe, als diese Leidenschaft meist fehlte, kann ich dir heute versichern: Eine Frau sehnt sich danach, dieses

Feuer in uns Männern zu spüren. Erst dann werden ihr sexuelles Verlangen und ihre Leidenschaft geweckt. „Ihr Männer öffnet uns Frauen“, ist einer der Sätze, die ich mir aus den Gesprächen mit der Tantra-Masseurin sofort einprägte. Doch wenn ich mich heute so umschaue, sehe ich weit und breit nur brave, nette und liebe Männer, denen jegliche (konstruktive) Aggression und Leidenschaft fehlt. Damit schneiden wir Männer uns von unserer sexuellen Basisenergie ab, wirken schlaff und kraftlos. Als würden wir mit angezogener Handbremse durch die Gegend fahren. Und dann wundern wir uns, dass wir in der Sexualität mehr Frust und Enttäuschung als Höhenflüge und Ekstase erleben. Dabei werden viele Frauen von der animalischen, wilden und starken Seite in uns Männern angetörnt und erregt!

Deshalb also ein Appell speziell an hochsensible Männer: Traut euch! Macht neue Erfahrungen. Lasst mal für ein paar Minuten Nettigkeit und Höflichkeit hinter euch. Weckt das ungezähmte Raubtier in euch! Seid auch einmal gefährlich.

Ich sehe gerade die hochgezogenen Augenbrauen von einigen weiblichen Lesern vor mir. Was? Du rufst hier zu Gewalt und Gefährlichem beim

Sex auf?! Ich kann euch beruhigen. Wie wir noch sehen werden, wäre das ein Rückschluss, der viel zu kurz greifen würde. Es geht nicht um Gewalt. Um was es mir geht, ist, dass Männer einen Zugang zu der wilden und ungezähmten Seite ihrer Männlichkeit finden, da diese untrennbar zur männlichen Natur gehört. In Wirklichkeit ist es so: Gerade Männer, die solche Abscheulichkeiten wie Vergewaltigung oder Kindesmissbrauch begehen, haben in ihrer Biografie oftmals wenig Zugang zu ihrer aggressiven und wilden Seite gehabt (Kindheit, Erziehung, Prägung etc.). Als Resultat entlädt sich diese aufgestaute Energie dann sehr explosiv und zerstörerisch in Vergewaltigungen und Missbräuchen. Wenn wir nach solchen Verbrechen die Personenbeschreibung durch Nachbarn oder Kollegen in der Zeitung lesen, wird der Täter häufig als ruhig, freundlich, zuvorkommend und unauffällig beschrieben („So etwas hätten wir niemals von dem netten Herrn XY erwartet."). Wenn Gewalt in der Sexualität auftaucht, hat das vor allem mit einem entscheidenden Merkmal zu tun: Der Mann ist von seinem Herzen abgeschnitten. Der Zugang dazu ist komplett abgetrennt. Doch ist ein freier Zugang zum Herzen für eine erfüllende Sexualität ebenso wichtig und elementar wie das Gespür für die eigene Wildheit und Leidenschaft. Schauen wir uns zunächst die Merkmale eines Sexuallebens ohne Zugang zum Herzen an.

Sex ohne Zugang zum Herzen

Wie bereits erwähnt, ist es gerade uns hochsensiblen Männer im wahrsten Sinne des Wortes ein Herzensanliegen, in der Sexualität unsere Liebe und unsere Verbundenheit mit der Partnerin zu spüren. Wir sehnen uns nach wirklicher Begegnung, Tiefe, Liebe und Vereinigung. Wahrscheinlich ist es sogar so, dass viele Männer diese Sehnsucht in sich spüren, die wenigsten sich aber trauen, dazu zu stehen. Woran liegt das? Die Antwort ist relativ einfach zu finden: Angst! Die Ängste beim Sex können derart vielfältig sein, dass ich hier nur einige wenige nennen möchte: Angst, verletzt zu werden. Angst, etwas nicht richtig zu machen. Angst, als Mann zu versagen. Angst, keine Erektion zu bekommen. Angst, den Partner mit den hervortretenden Phantasien zu verschrecken. Angst, die Kontrolle zu verlieren. Hinzu kommt eine ausgeprägte Angst vor den eigenen Gefühlen, ja vor der eigenen Liebe. Die Wunden können so tief sein, dass ein Mann einen regelrechten Schutzpanzer um seine Brust herum aufgebaut hat, um sich nicht erneut verletzen zu lassen. Dies ist tragisch und traurig, und zwar aus zweierlei Hinsicht. Mit dieser Panzerung schützt er nämlich nicht nur sich selbst, sondern verletzt beim Sex damit auch seine Partnerin. Aufgrund der unterschiedlichen Polaritäten bei Mann und Frau ist es nämlich so, dass der Herz- und Brustbereich beim Mann den empfangenen und verletzlichen Pol darstellt. Bei der Frau hingegen stellt ihr Genitalbereich den verletzlichen Pol dar. Also genau umgekehrt, wie man es gemeinhin vermuten würde.

So liegt es auf der Hand, dass diese Schutzpanzerung um das männliche Herz bei einer Frau sehr leicht zu Verletzungen führen kann, wenn sie in der sexuellen Begegnung und im Zusammenspiel mit dem männlichen (gebenden) Part keine Liebe und Verbundenheit spürt. Weil der Mann abgeschnitten ist von seinen Gefühlen und quasi nur mit seinem Glied regiert. Der Preis für solch eine Verpanzerung ist hoch: Unempfindlichkeit, zunehmende Vereinsamung und ein verflachtes, emotionales Erleben. Solch ein Mann trennt strikt Sex und Herz. Dies ist übrigens auch ein Phänomen unserer übersexualisierten Medien-

und Werbungsgesellschaft, die mehr oder weniger nur auf die plumpe, sexuelle Anziehung und Erregung abzielt („Sex sells"). Die Trennung kann sogar so weit gehen, dass ein Mann sich nur von Frauen sexuell angesprochen und erregt fühlt, die ihn nicht lieben. Was gleichzeitig bedeutet, dass er zum Beispiel bei seiner liebenden Ehefrau keine sexuelle Lust mehr verspürt (und sich dann in eine Affäre „rettet").

Das Bedauernswerte ist, dass dem so abgeschnittenen Mann ein ganzer Kosmos an neuen Erfahrungen entgeht. Keine Frage: Für eine Herzensöffnung bedarf es einer großen Portion Mut und der Bereitschaft, ausgetretene Pfade zu verlassen, sich seinen intensivsten Gefühlen und mitunter auch altem Schmerz zu stellen. Den Gefühlen mit offenen Armen zu begegnen. Und das kann sehr aufregend und angsteinflößend sein, man(n) kann weiche Knie bekommen – wie ich vor meiner ersten Tantra-Massage. Doch zahlt sich dieser Mut meist aus. Es kann ein Heilungs- und Verbindungsprozess in Gang kommen. Es kann eine nie erlebte Verbundenheit und Tiefe in der Sexualität und mit der Partnerin entstehen. Ein Mann, der den Mut aufbringt, in der sexuellen Vereinigung sein Herz zu öffnen, der seine

Präsenz und Liebe in diesem Augenblick spürt und zulässt, betritt den heiligen Raum der Sexualität. Eine zeitlose Dimension im Hier und Jetzt, in der die Verschmelzung mit dem Sein der Partnerin möglich ist. Und er öffnet dabei ganz nebenbei das Herz der Frau.

Sex mit Zugang zum Herzen

Der sanfte Krieger im sexuellen Erleben ist geboren. Er verbindet die Energie des Kriegers mit den Qualitäten eines geöffneten Herzens. Er hat den Mut, sich seinen Ängsten zu stellen, und erst dieser Mut macht den Weg frei für eine tiefe und echte Begegnung mit seiner Partnerin, in der eine nie dagewesene Ekstase und Erfüllung möglich werden kann. Also genau das, wonach sich viele hochsensible Männer sehnen. Dazu bedarf es zum einem der Erweckung des inneren Kriegers in uns, damit wir die Wildheit, Lust und Leidenschaft in uns spüren. Erst mit diesem Feuer können wir eine Frau erobern und verführen und ihre Leidenschaft entzünden.
Gleichzeitig müssen wir als Männer lernen, unser gepanzertes Herz zu öffnen, auch wenn dies sehr schwer sein mag. Doch daran führt kein Weg vorbei, wenn wir eine neue Dimension in

der Sexualität und im Verbundensein erleben wollen. Ein Mann, der sexuelle Lust und Liebe verbinden möchte, muss lernen, beim Sex zwischendurch langsamer zu werden, aufnahmefähiger, mehr in sein Herz und seinen Bauchraum zu atmen. Er muss den Mut aufbringen, sich in seiner ganzen Verletzlichkeit zu zeigen, alle Gefühle zuzulassen, die auftauchen, und sich damit der Partnerin zu zeigen. Dies ist dann wahre Hingabe. Durch diese Hingabe wird die animalische, wilde sexuelle Energie transformiert in reine Herzenergie, Verbundenheit und Berührt-Sein. In echte Liebe und Präsenz. Das Erfreuliche daran ist, dass je mehr Energie entfacht wurde, umso intensiver und tiefer auch die Herzöffnung geschehen kann.

Erst beide Qualitäten zusammen (inneres Feuer und Liebe) eröffnen einem sanften Krieger ein ganz neues Potenzial und Erleben in seiner Sexualität, das der Eingang in eine Welt des tiefen Glücks, der Vertrautheit und Ekstase darstellt. Eine neue und ungeahnte Dimension der Sexualität – und der Heilung auf seelischer Ebene – erschließt sich. Das Wissen und die Philosophie des Tantra bieten sich für dieses neue Erleben bestens an.

Tantra: Ein Weg der Bewusstheit und der Heilung

Die Philosophie des Tantra, eine Strömung aus der indischen Philosophie, bietet eine sehr gute Möglichkeit, mit dem inneren Feuer und dem geöffneten Herzen, den beiden Qualitäten unserer Männlichkeit, in Berührung zu kommen. Und dabei gleichzeitig in einen Raum der Heilung und der Transzendenz einzutreten.

Bei Wikipedia finden wir unter dem Begriff Tantra folgenden Eintrag: „Tantra (Sanskrit _Д , n., ‚Gewebe, Kontinuum, Zusammenhang') ist eine Strömung innerhalb der indischen Philosophie und Religion, entstanden als zunächst esoterische Form des Hinduismus und später des Buddhismus (vgl. Vajrayana) innerhalb der nördlichen Mahayana-Tradition. Die Ursprünge des Tantra beginnen im 2. Jahrhundert, in voller Ausprägung liegt die Lehre jedoch frühestens ab dem 7./8. Jahrhundert vor. Im Buddhismus ist auch der Begriff Tantrayana gebräuchlich (Tantrayāna, ‚Fahrzeug der Tantra-Texte'). Das Wort Tantra wird manchmal von der Sanskrit-Wurzel tan ‚ausdehnen' abgeleitet. Tantrismus bedeutet somit auch allumfassendes Wissen oder Ausbreitung des Wissens."(12)

Wie wir bereits festgestellt haben, ist für viele heutige Männer der Sex zu einer reinen Bedürfnisbefriedigung degradiert. Angespornt durch den leichten Zugriff auf Pornos (nur einen Klick entfernt), glauben einige Männer, eine Frau wie in diesen gestellten Filmen rannehmen zu müssen: schnell und zielorientiert auf den Orgasmus zu penetrieren. Ein Porno suggeriert, dass eine Frau schon von einer hastigen Berührung erregt ist, dabei laut aufstöhnt und dem Mann vulgäre Worte ins Ohr haucht. In Wirklichkeit war alles viel zu schnell vorbei, eine weitere geile Nummer, mit kurzem Orgasmus und der Fixierung auf die Genitalien. Die Energie ist verpufft und verschleudert. Dabei war die Erregung vorher da, das erotische Spiel irgendwie magisch und vielversprechend. Man(n) freute sich auf ungeahnte Dimensionen von Erleben und Ekstase, doch nichts davon trat wirklich ein. Stattdessen tritt ein Gefühl von Leere und Enttäuschung ein – auch bei der Frau.

Um keine Missverständnisse entstehen zu lassen: was ich eben ausgeführt habe, hat nichts mit Tantra zu tun. Es sollte lediglich eine Beschreibung von heute oftmals praktizierter Sexualität sein, die ich selbst oft genug erlebt habe und die bei mir jedes Mal einen schalen Nachgeschmack hinterließ. Und bei dir vielleicht auch? Die gute Nachricht lautet: Das muss nicht so bleiben. Die schlechte: Es gibt dafür kein Wundermittel und keine Pille, die du nur einzunehmen brauchst, und schon erlebst du eine neue Dimension von Sexualität.

Der Übungsweg des Tantra

Für eine erfülltere Sexualität bedarf es der Geduld und eines Übungswegs, der zwar einige Zeit in Anspruch nimmt, dafür aber am Ende mit einer großen Belohnung aufwartet. Nebenbei ist es eine schöne und angenehme Erfahrung, dich mit deiner Partnerin (oder auch alleine) auf diesem neuen Weg der Sexualität und Verbundenheit kennenzulernen. Der Übungsweg des indischen Tantra verspricht uns eine Vermählung von Spiritualität und Sexualität. Dabei kommt es zur einer Allianz zwischen den beiden Archetypen Liebhaber und Magier. Um als Mann in die ekstatischen und spirituellen Räumen vorzudringen, die nicht nur den Körper, sondern auch die Seele mit einbeziehen, müssen wir unseren inneren Magier schulen (siehe Kapitel männliche Archetypen). Nur der Magier bewegt sich in den Dimensionen der Tiefe und der spirituellen Erfahrungsräume. Er ist an echtem Tiefgang und echter Begegnung interessiert, zwei Qualitäten, die uns hochsensiblen Männern meist gut zugänglich sind.

Beim Tantra geht es im Wesentlichen um die Langsamkeit der Berührungen, eine Absichtslosigkeit der Handlungen, eine tiefe Hingabe, Atmen durch den ganzen Körper, das Spüren der Energiekreise und der Entwicklung von Bewusstheit für die feinen Energieströme im Körper. Das Fließenlassen der Energie zwischen den beiden „Polen" Mann und Frau. Es wird als Wechselspiel der Energie zwischen Mann und Frau zelebriert. Dabei wird der Sex von der rein körperlichen Ebene gelöst und auf eine höhere, feinstoffliche Ebene gehoben. Dadurch entsteht ein heiliger und transzendenter Raum, der über eine reine Bedürfnisbefriedigung hinausgeht.

Trainingsprogramm für eine erfülltere Sexualität

Um als Mann zu einer erfüllteren Sexualität zu kommen, müssen wir uns zunächst einmal fragen, auf was wir beim Sex unsere meiste Energie und Aufmerksamkeit lenken. Einige würden hierauf wahrscheinlich antworten: auf einen bombastischen Orgasmus. Eine Fokussierung und Anstauung der Energie auf den Genitalbereich und der anschließenden ruckartigen und schnellen Entladung. Für mich gab es als Mann jahrelang ebenfalls keine bessere Definition von erfülltem und „gutem" Sex. Gegen gelegentlichen, lustvollen und schnellen Sex ist aus meiner Sicht nichts einzuwenden. Aber es ist so viel mehr möglich! Seitdem ich mich mit der Philosophie des Tantra beschäftige, und vor allem seit ich es durch die erwähnten Massagen selbst erleben durfte, was an Verzückung und Befreiung alles möglich ist, hat sich meine Definition und mein Anspruch an eine erfüllte Sexualität geändert. Zunächst einmal würde ich die eben beschriebene Entladung nicht als Orgasmus bezeichnen, sondern lediglich als Ejakulation. Ein Orgasmus geht für mich mittlerweile viel weiter und betrifft mehr Ebenen. Ich behaupte sogar, dass die meisten Männer keinen wirklichen Orgasmus haben. Sie verwechseln häufiges und schnelles Ejakulieren mit einem echten Orgasmus und fühlen sich dann als „richtige" Männer. Dabei laufen diese Orgasmen meist nur im Kopf ab, Herz und Seele sind meist wenig bis gar nicht beteiligt. Und das ist schade, weil den Männern dabei ungeahnte Dimensionen und Räume der

Liebe, Ekstase und Verbundenheit vorenthalten bleiben.

Was bedeutet es nun in diesem Kontext als Mann einen neuen, Körper und Seele mit einbeziehenden Orgasmus zu haben?

Ejakulation und Orgasmus

Der mechanische Vorgang der Ejakulation läuft nach folgendem Reflex ab: Zunächst wird Samen vom Hoden in die Prostata gepresst. Als nächstes wird das Ejakulat mit Flüssigkeit angereichert, um anschließend mit unkontrollierten Kontraktionen des Beckenbodenmuskels durch die Harnröhre nach außen gepumpt zu werden. Das anschließende Kribbeln, das einige Sekunden anhalten kann und durch die Samenflüssigkeit im Penis hervorgerufen wird, ist für viele Männer der Orgasmus. Aber wie gesagt. Dies ist quasi nur der physiologische Vorgang und betrifft vor allem das Geschlechtsorgan. Ein Orgasmus ist etwas ganz anderes. Ein Orgasmus kann viel mehr Ebenen mit einbeziehen: neben der körperlichen auch die emotionale, geistige und sogar spirituelle Ebene. Erst wenn all diese Ebenen in einem Mann geöffnet sind, kann die Energie durch diese frei hindurchfließen und eine ganz neue Qualität von Orgasmus entstehen.

Auf **körperlicher** Ebene ist der Orgasmus zunächst einmal ein Ganzkörpererlebnis. Dies kann sich sehr unterschiedlich ausdrücken, zum Beispiel durch Hitzewellen, einem Gefühl von Schweben oder Unter-Strom-Stehen. Der ganze Körper ist energetisch aufgeladen, er vibriert und wird immer wieder von leichten Muskelzuckungen erfasst.

Auf **emotionaler** Ebene findet ein Orgasmus nicht nur im Penis, sondern auch im Herzen statt. Das Herz wird erschüttert und berührt. Wenn die Energieströme das geöffnete Herz erreichen, kann es passieren, dass wir vor Glück und Berührung in Tränen ausbrechen oder anfangen zu lachen. Im engen Augenkontakt mit der Partnerin erleben wir tiefe Gefühle der Verbundenheit und Liebe, ja sogar der Verschmelzung. Wir tauchen ganz in das Sein unserer Partnerin ein und lösen uns darin auf. Es kann sogar passieren, dass ungelöste Emotionen und alte Wunden in uns hervorgerufen werden, ohne dass wir genau wissen, was gerade geschieht. (Genau wie ich es während der Tantra-Massage erlebt habe.)

Auf **geistiger** Ebene passiert bei einem wahren Orgasmus gerade für uns kopflastige Männer etwas ganz Wunderbares. Meist ist sogar beim Sex unser Kopf noch eingeschaltet und wir grübeln über unseren Alltag nach oder in welcher Position wir unsere Partnerin noch besser befriedigen können. Wenn die Energie frei durch den Körper fließen konnte und es zur Ejakulation kommt, schaltet sich unser Wachbewusstsein für einige Sekunden aus. Vollkommene Stille und Präsenz. Das diskursive Denken hört für einige Zeit auf. Wir sind als Mann ganz im Moment. Eine große, geistige Klarheit tritt ein, alles ist genau richtig so, wie es gerade ist. Dies kann ein magischer Moment sein. Der Augenblick dehnt sich zu einer Ewigkeit aus, als würde es keine Zeit mehr geben. Dies liegt daran, dass im Orgasmus ein anderer Schwingungsbereich im Gehirn einsetzt. Es schaltet auf Thetawellen um, die auch im tiefen Schlaf und beim Träumen auftreten.

Zuletzt geschieht etwas auf der **spirituellen** Ebene. Eine Ebene, die gerade für uns hochsensibel und spirituell veranlagte Männer von großer Bedeutung sein kann. Beim Orgasmus betreten wir unseren eigenen heiligen und göttlichen Raum. Gott steht hier für eine transzendente, in uns wirkende Kraft oder Energie. Dieser Zustand kann eintreten, wenn wir uns ganz der Demut und Hingabe hingeben, bereit sind, alles loszulassen, die Kontrolle aufzugeben. Diese Begegnung passiert meist nach dem eigentlichen Orgasmus, wenn Körper und Emotionen sich wieder beruhigen. Der Geist bleibt wach und ruhig und wir können auf eine innere Reise gehen. Ein tiefes und stilles Glücksgefühl kann sich einstellen, eine Schwerelosigkeit, in der wir lange verbleiben möchten. Alles ist klar und präsent, geradezu friedvoll, kein Gedanke, kein Gefühl stören mehr. Das Raum- und Zeitgefühl löst sich auf. In solchen Momenten kann es zu spirituellen und transzendenten Erlebnissen und Erscheinungen kommen: ein klares Licht, Farben, Erinnerungen an frühere Leben. Für manch einen mag das befremdlich oder zu esoterisch klingen. Wer aber schon seit Jahren meditiert, wird mitunter schon erfahren haben, dass diese inneren Räume tatsächlich existieren, wenn sie auch nur für ein paar Sekunden zugänglich sind. Gerade in der tantrischen Sexualität sind diese inneren Bewusstseinsräume auch oder gerade erlebbar.

Es wird Zeit für ein Umdenken, was unseren Orgasmus und unsere Sexualität als Mann angeht. Gerade für uns hochsensible Männer ist dies eine große Sehnsucht, da uns der schnelle Kick des Höhepunktes meist nur kurz befriedigt und uns zudem oftmals schal und leer zurücklässt. Wir wollen mehr. Mehr Tiefe, mehr Verbundenheit, mehr Herz und mehr Liebe. Diese Unzufriedenheit mit der üblichen und schnellen Ejakulation ist die wichtigste Voraussetzung für ein Umdenken. Dann ist der Weg frei für einen ganzheitlichen Orgasmus, der alle vier Ebenen miteinbezieht: Energietisierung des Körpers, emotionale Öffnung und Zugang zum Herzen, geistige Vorbereitung durch Loslassen und Meditation und Eintreten in ganz neue innere Bewusstseinsräume.

Übungen für erleuchteten Sex

Bei der gewöhnlichen Form der Sexualität fließt die Energie meist nach unten in den Beckenboden und die Genitalien, um von dort aus schnell und explosionsartig mit Hilfe einer Ejakulation entladen zu werden. Doch mit dieser Ejakulation ist nicht nur der intime Kontakt zur Frau beendet, sondern der Mann hat auch seine Energie sinnlos verschleudert. Sie konnte nicht im Körper zirkulieren. Einer der Gründe, warum er sich danach oft schlapp und müde fühlt und schnell einschläft.

Ejakulationskontrolle

Deshalb ist es als erster Schritt wichtig, eine gewisse Ejakulationskontrolle zu erlernen. Das hört sich zunächst dramatischer an, als es ist. Es heißt zum Beispiel nicht, gar keinen Samenerguss mehr zu haben. Es heißt vielmehr, diesen bewusster und gezielter einzusetzen. Der Samen ist diejenige Körperflüssigkeit im Mann, die die höchste Energiedichte aufweist. Dementsprechend achtsam sollte er mit diesem kostbaren „Energieschatz" umgehen. Auf die Sexualität übertragen bedeutet dies, dass der Mann die Kontrolle über den Reflex der Ejakulation zurück erlangt. Meistens ist nämlich das Gefühl für diese Kontrolle im Laufe der Zeit verloren gegangen und der Reflex läuft wie ein Automatismus ab, über den der Mann keine Gewalt mehr hat. Der Samenerguss ist nicht mehr aufzuhalten, mitunter schon nach wenigen Minuten, und er kommt zu früh. Einer der häufigsten Gründe für Frustrationen und

Enttäuschungen bei Mann und Frau in ihrer Sexualität.

Beobachte einmal genau, was passiert, wenn du dich deinem Höhepunkt näherst. Diese Bewusstheit über die eigenen Körperempfindungen ist der zweitwichtigste Schritt. Meist läuft es folgendermaßen ab: Im Unterbauch erhöht sich dein Muskeltonus. Po und Oberschenkel spannen sich an und dein Atem wird schneller und flacher, zum Ende hin fast hechelnd. Dein Pulsschlag erhöht sich. Wenn wir über diese körperlichen Prozesse erst einmal Bewusstheit erlangt haben, liegt es auf der Hand, was zu tun ist. Wir müssen „einfach" das Gegenteil tun, was bedeutet, uns immer wieder im Körper zu entspannen und tief in den Bauch zu atmen. Diese tiefe Entspannung und Atmung kannst du als Mann zunächst einmal selbst einüben, und zwar mit Hilfe der Masturbation. Ja, du hast richtig gelesen. Ein Wort, das leider ziemlich abfällig gebraucht wird, und meist mit schnellem und lieblosem „Wichsen" assoziiert wird. Zum Druckablassen oder zum Einschlafen. Masturbation hat aber tatsächlich viel mit Selbstliebe zu tun. Und bevor wir uns mit einer Frau darin üben, unsere Energie mehr in unserem Körper kreisen zu lassen, anstatt sie gleich von unten heraus zu vergeuden, können wir das alleine mit uns in unserem stillen Kämmerchen üben. Ein Marathonläufer läuft zunächst auch unzählige Stunden alleine durch den Wald, bevor er sich zum Rennen anmeldet.

Die sexuelle Energie im Körper kreisen lassen

Um vom triebzentrierten Sex auf ein Ganzkörpererlebnis umzustellen, müssen wir im ersten Schritt lernen, die sexuelle Energie ungehindert durch unseren Körper strömen zu lassen – und nicht vorschnell über die Geschlechtsorgane zu entladen. Erst dann ist es möglich, innere Blockaden zu lösen, einen höheren Lust- und Energiepegel zu erreichen und einen Orgasmus zu erleben, der den ganzen Körper erfasst, und vor allem das Energiereservoir auffüllt, statt es zu leeren. Ein Schlüssel dazu ist unsere Atmung.

Der Energiefluss in unserem Körper folgt einem gewissen Kreislauf. Der international bekannte Tantralehrer David Deida beschreibt dies in seinem Buch *Erleuchteter Sex* sehr treffend und gibt eine Anleitung, wie wir die Energie mit Hilfe unseres Atems kreisen lassen können: „Beim Sex fließt die Energie, die Ihre Geschlechtsorgane füllt, wieder zurück und an der Wirbelsäule entlang nach oben durch den Kopf, um an der Körpervorderseite durch Zunge, Hals, Herz, Solarplexus und Bauch erneut nach unten in die Geschlechtsorgane zu strömen. Damit schließt sich der Kreis. (...) Bemühen Sie sich zuerst darum, ein Gespür für Ihre innere Energie an sich zu entwickeln und den Körper so weit wie möglich zu entspannen. Körperliche Anspannung verringert den Energiefluss und lässt die feinen Strömungen und Bewegungen undeutlich werden, die Sie spüren müssen, wenn Sie die sexuelle Energie kunstvoll kreisen lassen möchten. Atmen Sie kräftig und tief!"(13) Wie erwähnt, können wir diesen Kreislauf beim Masturbieren einüben, und dabei spüren, wie die Energie in unserem Unterleib zunimmt. Wenn wir uns dann dem Höhepunkt nähern, spüren wir vielleicht, wie die Energie sich mit einem lauten Zucken aus dem Geschlechtsorgan entladen möchte. Hier gibt uns David Deida den Tipp „diese lustvolle Energieentladung nach unten und über die Geschlechtsorgane nicht zuzulassen, sondern üben Sie stattdessen, den Fluss umzukehren und die Energie aus ihren Genitalien an der Wirbelsäule nach oben steigen zu lassen. Masturbieren Sie deshalb vorerst nicht bis zum Orgasmus." (14)

Wahre Hingabe

Wie du gesehen hast, habe ich mich mit dem Thema einer neuen Sexualität, bei der Körper, Geist und Seele gleichermaßen mit einbezogen werden, einige Zeit lang beschäftigt. Dies hängt zum einen sicherlich damit zusammen, dass eine ganzheitliche Sexualität seit einigen Jahren zu meinen persönlichen Interessenfeldern gehört. Leider wurde gerade in unserer westlichen Kultur- und Religionsgeschichte Sexualität als ein menschliches Grundbedürfnis abgelehnt und verteufelt. Da ich in einem katholisch geprägten Elternhaus aufgewachsen bin, habe ich von dieser Unterdrückung ein Stück weit etwas mitbekommen. Gleichzeitig ist es ein begrüßenswertes Phänomen unserer aufgeklärten und säkularisierten Zeit, dass wir heute Sexualität ganz neu für uns entdecken können. Die engstirnigen Dogmen sind zum großen Teil gefallen. Wie bei jeder neuen Entwicklung gibt es leider auch in Bezug auf Sexualität eine Tendenz zu Extremen und Ausuferungen (wie die allgegenwärtige Verfügbarkeit von Pornografie und der damit einhergehenden Verherrlichung und Banalisierung von Gewalt gegenüber Frauen).

Gleichzeitig konnten wir durch den aufgeklärten Geist der Moderne und den einfachen Zugriff auf altes Wissen aus anderen Kulturen und Epochen unsere Sexualität enorm erweitern und verfeinern. Die große Verbreitung und Akzeptanz der Philosophie des Tantra ist ein Beispiel dafür. Sie entstammt aus östlichen (indischen) Philosophie- und Religionssystemen. Das absolut Spannende beim Tantra ist für mich, dass der Sexualtrieb im Menschen nicht abgelehnt, sondern als Teil des Menschen und der göttlichen Kraft angesehen und integriert wird. Tantra beschäftigt sich mit der Befreiung, Kultivierung und Ausdehnung des menschlichen Bewusstseins gerade in die körperlichen und seelischen Bereiche hinein. In Zeiten einer allgegenwärtigen Übersexualisierung und Pornografie ein wichtiger Impuls für eine bewusstere und erfüllendere Sexualität.

Im Gegensatz zu vielen anderen Glaubenskonzepten lehnt Tantra den Körper und die Sexualität nicht ab, sondern schließt sie als natürliche und universelle Kraft und Energie mit ein. Sie sieht Sexualität als einen Weg und Mittel der Heilung und letztlich der Bewusstwerdung und Transzendenz unseres menschlichen Geistes. Einen Weg der wahren Hingabe und des Weglassens von allem Überflüssigen. Was bleibt, wenn wir alle Konstrukte und Konzepte unseres menschlichen Geistes weglassen? Wie nennt man diese Kraft im Universum, die seit dem Urknall alles vorantreibt? Liebe, Eros, Hingabe?

So möchte ich zum Ende dieses aufregenden Kapitels ein letztes Mal David Deida zu Wort kommen lassen, der diese alles durchdringende Kraft sehr schön beschreibt: „Wahre Hingabe ist wahre Kraft: Die Liebeskraft, die das Universum bewegt, ist auch die Liebeskraft, die Sie atmen und die Ihr Herz schlagen lässt. (...) Die Liebe ist der nahtlose Übergang zur unendlichen Lebenskraft, die Einheit des Seins ohne Trennung. Sich sexuell zu öffnen heißt, sich der Fülle des Lebens selbst zu öffnen. Und die Liebe ist der Schlüssel dazu. Doch um der Liebe vertrauen zu können, müssen sie stark genug sein, sich zu entspannen. (...) Wenn Sie lernen, den gesamten inneren Energiekreislauf zu öffnen, die Energie an der Wirbelsäule nach oben und an der Körpervorderseite nach unten zu atmen, erzeugen Sie auf natürliche Weise das richtige Gleichgewicht für ein Leben voller Vitalität und Entspannung, voller transzendentem Entzücken. Ein Leben, das sowohl in sexuellen Augenblicken als auch im Alltag ein Ausdruck der Liebe ist.“(15)

Kapitel 8

5 Empfehlungen, wie du als hochsensibler Mann in deine Mitte gelangst

Nachdem wir nun einiges über eine einfühlsame und ganzheitliche Sexualität erfahren haben, möchte ich dir im letzten Kapitel dieses Abschnitts einige Tipps und Strategien an die Hand geben, wie du als hochsensibler Mann in deinem Alltag und Leben mehr Kraft und Freude spüren kannst. Laut einer Umfrage auf meinem Blog ist dies ein sehr gefragtes Thema. Ich habe den Eindruck, dass viele Männer im Umgang mit ihrer hochsensiblen Ader sehr verunsichert sind. Dies ist auch nicht weiter verwunderlich, da solch eine Anlage in unserem Alltags- und Berufsleben eher abgelehnt oder belächelt als gefördert und gutgeheißen wird.

1. Grenzen ziehen: Übe dich im Nein-Sagen

Die eigenen Grenzen zu bewahren und die von anderen zu respektieren, ist allgemein für jeden Hochsensiblen ein wichtiges Thema. Offenbar gilt das umso mehr für uns hochsensible und nette Männer. Weil ein Nein für uns so ungewohnt und unbehaglich ist und wir lieber lächelnd und nickend „Ja“ sagen, zu was auch immer. Ich spreche da einmal mehr aus jahrelanger Erfahrung. Die Schwierigkeit, ein klares Nein auszusprechen, hat mit unserem enormen Harmoniebedürfnis zu tun. „Ich tue dir nichts, du tust mir nichts“, ist der subtile Satz dahinter. Im Zusammenhang damit ist unsere oftmals sehr ausgeprägte Konfliktscheu zu nennen. Die Ursachen hierfür finden wir meist in unserer Kindheit und Jugend, die ohnehin für uns sensitiven und sensiblen Männer oftmals kein Hort der Glückseligkeit war. Hinzu kommt die weit verbreitete Abwertung von jeglicher Form von Aggression. Für ein klares Nein muss man aber auch in Kauf nehmen, einen Konflikt aushalten und austragen zu können. Also, raus aus dem ewigen Harmoniestreben. Konflikte zulassen, Konflikte aushalten, Konflikte ausfechten. Natürlich alles in konstruktiver und vernünftiger Weise. Und wenn es sich lohnt. Es geht mir hierbei nicht um ein blindes Ausagieren von aufgestauter Wut und Aggression (dazu später mehr), egal ob auf körperlicher oder verbaler Ebene. Das hat dann meist mehr mit alten Verletzungen auf kindlicher Ebene zu tun als mit einem „vernünftigen" Konflikt auf Erwachsenenebene.

Mir geht es darum, dass du zu dir stehst. Zu deiner Würde, zu deinem Recht, zu deiner Grenze und zu deinem dir selbst gegenüber gebührenden Respekt. Dies hat sehr viel mit deinem (Selbst-)Wert zu tun. Egal, ob dir gegenüber deine Partnerin, dein Vorgesetzter oder dein Arbeitsvermittler sitzt. Stell dich den Konflikten im Beruf, unter Freunden und vor allem gegenüber Frauen. Wenn es sich lohnt, für etwas zu kämpfen, und wenn du den Konflikt ohne überbordende Emotionen aus einer inneren Klarheit und Mitte heraus austragen kannst. Nur bei eingeschaltetem Verstand hast du die Klarheit und den Überblick, wann es Zeit ist, dich zurückzuziehen und wann dein Gegenüber mit seinen Argumenten auch mal recht hat. Bei einer blinden Raserei aus einer alten Kränkung heraus fehlt dir diese Klarheit komplett. Anstatt zu agieren, reagierst du blind aus einem alten unbewussten Muster heraus. Trainiere deine Wachsamkeit, Entschiedenheit, Willenskraft und Disziplin. Riskiere auch einmal eine Fehlentscheidung, nur so kannst du lernen. Wie gesagt, es geht um die Übung, die uns oftmals in früheren Jahren fehlte. Kein „Jein“ mehr, sondern ein klares „Ja“ oder „Nein“! Übe dich künftig darin, eindeutig Ja oder Nein zu sagen – und nicht „Mal sehen“, „Schauen wir mal“ oder sonstige schwammige Floskeln, die nur Ausdruck deiner Unsicherheit sind. Vertraue deiner inneren Stimme und folge dem ersten Impuls bei einer Entscheidung. Ganz egal bei was, ob es der geplante Familienausflug ist oder eine Meinungsverschiedenheit mit deinem Kollegen. Gerade, wenn du Angst hast, bei einem energischen „Nein“ zurückgewiesen zu werden, tue es! Probiere dich darin aus!

Du begibst dich sonst immer mehr in eine Abhängigkeit, wenn du aus Harmoniegründen nur noch zu allem und jedem „Ja“ sagst. Mir ging es jahrelang (und geht es zum Teil immer noch) so – insbesondere gegenüber Frauen.

2. Männerfreundschaften eingehen und pflegen

Den berühmten „netten Kerl“ haben wir schon in Teil I ausführlich kennengelernt. Ihn, den ewigen Frauenversteher und Kumpel, der sich viel besser mit Frauen austauschen kann als mit Männern, weil er sich von ihnen so vollkommen verstanden fühlt. Dass diese Charakterisierung bis heute noch weitgehend auf mich zutrifft, habe ich schon des Öfteren erwähnt. Sind doch meine nahesten Freunde zwei Frauen, mit denen ich über (fast) alles reden kann. Aber eben nur fast. Frauen sind Menschen, mit denen wir emotionale Nähe zulassen können. Mit denen wir über unsere Gefühle reden können. Was gerade uns hochsensiblen Männern sehr gelegen kommt. Aber trotzdem fehlt uns etwas. Männliche Freunde und emotionale Väter, da die meist abwesend waren.

Im Kreise von Männern findest du Bestätigung deines ureigenen Mann-Seins. Dies ist eine völlig andere Art der Kommunikation und des Kontakts. Das kann dir keine Frau geben, auch wenn du dich noch so gut mit ihr verstehst. Meist fällt in solch einem reinen Männerkreis

Konkurrenzdenken, sich zur Schau stellen und Machtgehabe schnell weg. Du musst die Äußerung deiner Gedanken und Bedürfnisse nicht mehr danach filtern, ob diese mit den Werten der Frauen kompatibel sind.

Wenn du den Mut aufbringst und Männerfreundschaften eingehst, wirst du feststellen, dass du auch gegenüber einem Mann die ganze Bandbreite deiner Gefühle zeigen kannst: Trauer, Wut, Ärger, Neid, Freude, Eifersucht, Stille und Lachen. Es wird für dich eine ganz andere Art der Offenheit und des Kontakts sein, als du es bisher mit Frauen erlebt hast. Ich selbst befinde mich auch erst in den Anfängen dieses Weges. Insbesondere das Pflegen und Aufrechterhalten solcher Männerfreundschaften fällt mir noch schwer.

Doch gibt es immer mehr Männer, die sich auf diesen Weg begeben. Und das ist wirklich erfreulich. Mit anderen Männern über seine Gefühle, Sexualität, Visionen und Ängste zu sprechen, die Hemmschwelle dazu zu überwinden, kann wirklich eine großartige Bereicherung deines Mann-Seins sein. Erfreulicherweise gibt es bundesweit auch immer mehr Männerkreise und Trainings, die einen solchen Austausch unter Männern anbieten (siehe weiterführende Links). Du musst aber nicht gleich in einen Gesprächskreis gehen. Du kannst in deinem eigenen Umfeld anfangen. Zum Beispiel, indem du beim nächsten Treffen mit deinem Kumpel ihn nach seinen emotionalen Bedürfnissen und Sehnsüchten fragst, danach, was ihn gerade im Herzen bewegt, anstatt über Fußball und Angeln zu reden.

3. Aussöhnung mit dem Vater

Wie bereits erwähnt, fehlt es uns in diesem Jahrhundert an männlichen Vorbildern und emotionalen Vätern. Sie waren eben abwesend, was gerade für uns als (hochsensible) Männer gravierende Folgen hat. Bedingt durch zwei Weltkriege wurde eine ganze Ahnenreihe an Vätern, Großvätern und Urgroßvätern entweder ganz ausgelöscht oder emotional zugrunde gerichtet. In der Reihe meiner männlichen Vorfahren konnte ich erleben, wie ein Krieg einen Menschen nicht nur körperlich, sondern auch seelisch zerstören kann. Nach solch einem traumatischen Erlebnis wie einem Krieg herrscht meist ein Klima des Schweigens. Der erlittene Schmerz und die schrecklichen Erinnerungen werden einfach totgeschwiegen. Was erschwerend hinzu kommt: Die Männer haben sich von ihrer Gefühlsseite abgeschnitten, konnten also auch kaum noch Liebe oder Mitgefühl schenken.

So wie die Mutter die erste Frau im Leben eines jedes Mannes ist, von der er im besten Fall Wärme, Vertrauen und Nähe erhält, so ist der Vater die erste männliche Bezugsperson. Von ihm bekommt er im Idealfall Anerkennung, Richtung und natürlich auch Liebe. Nur im Kontakt mit deinem Vater erhältst du einen Spiegel deiner selbst. Fehlt dieser, wirst du nie in deine ganze Kraft kommen. Aus diesem subtilen Mangel heraus wirst du dir als Ersatz ständig männliche Vorbilder suchen. Oder dich an Frauen orientieren. So formten viele Männer ihr Selbstbild nach den Rückmeldungen der ersten weiblichen Bezugspersonen. Doch keine Mutter, kein Kindermädchen, keine Erzieherin und keine Lehrerin kann dir diese Klarheit und Richtung fürs Leben geben.

Solange du noch alten Groll, Enttäuschung und Wut gegenüber deinem Vater hegst, wirst du nie deine ganze Männlichkeit und Stärke leben können. Das Ziel sollte es sein, seinem Vater Wertschätzung, Liebe und Dank auszudrücken, egal was passiert ist. Frieden zu schließen. Ich weiß, das kann mitunter für dich sehr schwierig sein. Schier unmöglich. Ich kann dich gut verstehen. Mir geht es ähnlich. Doch in Hinblick auf deine Kraft als Mann solltest du es versuchen und dich damit auseinandersetzen. (In den weiterführenden Links findest du einen Download für eine Vergebungsübung.)

4. Übe dich im Alleinsein und in Meditation

Vor Tausenden von Jahren marschierten unsere männlichen Vorfahren oft tagelang alleine auf der Suche nach Wild durch die Steppe und Wildnis. Dadurch waren sie daran gewöhnt, dass sie auf sich allein gestellt waren und schwierige Situationen meistern mussten. Als Männer brauchen wir Zeiten für uns alleine und in Abgeschiedenheit. Nicht umsonst erfreut sich der Angelsport so großer Beliebtheit unter Männern. Stundenlanges, abgeschiedenes Sitzen am See und darauf warten, dass ein Fisch anbeißt – das aus dem evolutionären Erbe unserer männlichen Vorfahren hervorgehende Bedürfnis nach Alleinsein wird dadurch gestillt. In der

Abgeschiedenheit und Ruhe können wir als Mann Klarheit und Entschlusskraft für anstehende Aufgaben oder wichtige Lebensentscheidungen finden.

Ich gehe zwar nicht angeln, ziehe mich aber regelmäßig in die Natur zurück. Vor allem, wenn ich vor großen, lebensverändernden Entscheidungen stehe. Ich fahre dann mit dem Rad an einen abgelegenen Ort in der Natur, das kann ein See oder nur eine Sitzbank sein, und lasse meine Seele baumeln. Und hoffe, in der Einsamkeit der Natur Klarheit, Mut und Entschiedenheit oder eine Vision zu finden. Bevor ich an den Bodensee zog, war ich sehr oft in der Natur.

Aber du musst nicht unbedingt nach draußen gehen. Um das anhaltende und kräftezehrende Grübeln zu beenden, kannst du dich zuhause auch auf einen Stuhl oder ein Kissen setzen und eine Zeit lang in Ruhe meditieren. Eine Meditation kann den Geist ähnlich beruhigen wie ein Aufenthalt in der Natur. Am besten wäre es natürlich, wenn du beides verbindest: Meditieren in der Natur.

Hier eine Beschreibung einer einfachen Meditationsübung für zuhause:

Setze dich mit geradem Rücken auf einen Stuhl. Deine Beine stehen parallel zueinander. Deine Hände ruhen mit den Handflächen nach unten auf deinen Oberschenkeln. Strecke deinen Nacken, ziehe dein Kinn ein wenig zurück, sodass es eine gerade Linie zu deinem Gesäß bildet. Schließe deine Augen zur Hälfte, nicht ganz, und lasse deinen Blick ruhig vor dir auf den Boden ruhen. Atme zweimal tief ein und aus. Jeweils durch die Nase ein und den Mund aus. Presse alle Luft aus deinen Lungen. Lasse anschließend deinen Atem einen natürlichen Rhythmus finden, ohne ihn zu fokussieren. Atme jetzt nur noch durch die Nase. Konzentriere dich auf deine Körperhaltung; spüre die Hände auf den Oberschenkeln, den Druck deines Gesäßes auf dem Stuhl, den Kontakt deiner Füße mit dem Boden. Verfolge dabei immer wieder deinen Atem, wie er ganz alleine und natürlich durch deinen Körper strömt. Einatmen, der Brustkorb und das Zwerchfell heben sich. Ausatmen, der Brustkorb und das Zwerchfell senken sich. Bleibe so für zehn Minuten sitzen.

Versuche diese Übung möglichst täglich zu machen, in deinen Alltag zu integrieren – egal, ob morgens nach dem Aufstehen oder abends kurz vor dem Schlafengehen. Bei fortschreitender Praxis kannst du die Zeit auf fünfzehn oder zwanzig Minuten erhöhen. Es gibt viele verschiedene Formen von Achtsamkeitsübungen (zum Beispiel Yoga, MBSR, Zen). Egal für welche Achtsamkeitspraxis du dich entscheidest, es lohnt sich für dich als hochsensiblen Mann, mehr Achtsamkeit in deinen Alltag zu integrieren.

5. Stärkung deiner archaischen Seite

Wir leben in einer sehr leistungsorientierten und rational geprägten Gesellschaft. Das sind meist den Männern zugesprochene Werte. Gleichzeitig Werte, mit denen wir hochsensible Männer mitunter wenig bis gar nichts anfangen können. Um die Stärkung dieser Werte geht es mir auch nicht. Um was es mir geht, ist eine Stärkung der kraftvollen, wilden und ursprünglichen Seite unserer Männlichkeit. Sie ist genauso wichtig wie die sanfte, feinfühlige und empathische Seite unserer (hochsensiblen) Männlichkeit. Beide Seiten sollen als vollkommen gleichberechtigt angesehen werden. Im Hinblick auf eine ganzheitliche Männlichkeit geht es darum, beides in Einklang zu bringen und zu leben: zugleich wild und kraftvoll einerseits und zart und empfindsam andererseits – und somit integriert.

Trotzdem glaube ich, dass es gerade bei uns sensiblen Männern verstärkt darum geht, unsere kraftvolle, archaische und wilde Seite mehr zu erwecken, sie zu kultivieren und vor allem zu akzeptieren. Das Weiche, Sanfte und Einfühlsame ist uns ja quasi schon in die Wiege gelegt worden. Die gute Nachricht: Mit einiger Geduld und Übung ist es uns möglich, die kraftvolle Seite mehr hervorzuholen, zu aktivieren und zu entwickeln – ohne dass wir dadurch sogleich in Machismus und Frauenverachtung verfallen.
Im Übrigen ist die Betonung dieser sanften Seite der Männlichkeit vielen Frauen auch zu wenig. Sie haben wenig Interesse an nur netten Männern. Sie fühlen sich dann ganz schnell in der Mutterrolle, empfinden es eher so, als hätten sie einen kleinen Jungen zu betreuen, statt einen „richtigen“ Mann an ihrer Seite zu haben.

Für mich zeichnet sich eine archaische und kraftvolle Männlichkeit durch folgende Werte aus:

- ✔ Disziplin
- ✔ Tatkraft
- ✔ Willensstärke
- ✔ Durchsetzungsstärke
- ✔ Entschiedenheit
- ✔ Mut
- ✔ Ehrlichkeit
- ✔ Schaffenskraft
- ✔ Begeisterungsfähigkeit
- ✔ Spontaneität
- ✔ Zwanglosigkeit
- ✔ Dynamik
- ✔ Initiative

Diese Aufzählung von Werten ist für mich persönlich so attraktiv, dass sie Grund genug ist, mich näher und intensiver mit meiner archaischen Männlichkeit auseinanderzusetzen. Ich bin davon überzeugt, dass diese Seite in jedem Mann bereits vorhanden ist. Die Frage ist nur, inwieweit sie kultiviert und entwickelt wurde. Um die starke Seite in uns mehr zu wecken und zu beleben, ist es aber notwendig, uns einem gewissen Tabuthema beim Betrachten von Männlichkeit zu widmen. Ein biologisches Verhaltensmuster, das seit jeher in uns Menschen vorhanden ist, sehr eng mit unserer archaischen Männlichkeit verbunden ist und seit einigen Jahrzehnten aus kulturellen Gründen leider komplett stigmatisiert wird: Aggression!

Teil III:

KONSTRUKTIVE AGGRESSION

Kapitel 9

Aggression ist ein Grundbaustein unseres Mann–Seins

Aggression ist seit Urzeiten in uns. Ein Erbe unserer evolutionären Entwicklungsgeschichte als Hominiden und später als Menschen. Sie ist ein Grundbaustein unseres Menschseins. Auch wenn es in anderen Fragen unter den Anthropologen und Biologen sehr kontroverse Auffassungen gibt und vieles aus dieser weit zurückliegenden Zeit nur Deutung ist, sind sie sich die Forscher beim Thema Aggression aufgrund von Waffen- und Knochenfunden relativ einig. Das gilt insbesondere für uns Männer. Aggression diente als grundlegender Überlebensmechanismus bei Gefahr, um eine der beiden Reaktionen zu unterstützen: Kampf oder Flucht. Aggression war erforderlich bei der gefährlichen Jagd nach Nahrung und in der Auseinandersetzung mit Feinden. Sie war überlebenswichtig für den Stamm und die Gemeinschaft.

Glücklicherweise brauchen wir heute nicht mehr in der Wildnis Tiere zu jagen und uns gegen feindliche Horden zur Wehr zu setzen. Trotzdem hat Aggression immer noch einen wichtigen Stellenwert in unserem Alltagsleben. Wir werden in einigen alltäglichen Situationen mit der eigenen Aggression konfrontiert: ob der schleichende Autofahrer vor uns, der Drängler in der Schlange an der Supermarktkasse oder der anmaßende Kollege. Es ist ein evolutionäres Erbe, das seit Jahrtausenden in unseren Genen begründet liegt und das wir nicht einfach abschalten können.

Und auch nicht sollten.

Ohne eine kontrolliert eingesetzte Aggression fehlt uns Männern Mut, Zielstrebigkeit und Durchsetzungskraft, egal, ob bei täglichen Auseinandersetzungen im Beruf oder der Familie. „Aggression ist ein wesentlicher Bestandteil von Männlichkeit, der im Leben von Männern nicht fehlen darf", sagt dazu der Autor und Männercoach Björn Thorsten Leimbach.(16) Mir ist wichtig, genau zu differenzieren. Die Aggression, von der ich in diesem Kapitel spreche, hat nichts mit Gewalt zu tun. Zwischen Gewalt und Aggression gibt es einen himmelweiten Unterschied, auf den wir noch zu sprechen kommen werden. Gewalt ist ein blindes und unreflektiertes Ausagieren von Aggression. Das hat mit einer konstruktiven Aggression rein gar nichts zu tun.

Wie entsteht Aggression in unserem Körper und welche Funktion hat sie?

Auf hormoneller Ebene spielt das Männlichkeitshormon Testosteron für die Entstehung von Aggression eine wesentliche Rolle. Es ist für die Herausbildung der männlichen Geschlechtsteile beim Embryo zuständig. Einige Jahre später wird dann aus dem Baby ein Junge. In der Pubertät lässt Testosteron die Genitalien sowie die Bart- und Schamhaare wachsen. Zudem erzeugt der hormonelle Testostertonschub das erste Mal im Leben des Heranwachsenden ein sexuelles Verlangen und regt die Spermienproduktion in den Hoden an. Aus den bisher langweiligen Mädchen und Spielkameradinnen werden nun „Anziehungsobjekte“. Der heranwachsende Junge möchte beim anderen Geschlecht landen und ein Mädchen erobern. Neben der hormonellen Ursache von Aggression, gibt es noch zahlreiche andere soziologische und psychologische Erklärungsmodelle für das Entstehen von Aggressionen. So erklärten der Aggressionsforscher John S. Dollar und seine Kollege Neal E. Miller Aggression als eine Reaktion auf Frustrationen. Demnach wären Auslöser für Aggression immer äußere Faktoren und Umweltbedingungen. Einen angeborenen Aggressionstrieb sahen die Forscher allerdings nicht.(17)

Der renommierte und gleichzeitig (wegen seiner Rassenkunde) umstrittene Biologe Konrad Lorenz vertritt in seinem Buch *Das sogenannte Böse* die These, dass Aggressionen eine arterhaltende Funktion hätten. Sie hätten sich im Laufe der Evolution als wichtige Überlebensfunktion der Menschen bewährt und wären demnach angeboren.

Von welcher Seite wir es auch betrachten, Aggression spielt offenbar in unserer Entwicklungsgeschichte als Mensch, in unserer heutigen Sozialisation und auch in unserem Alltag eine wichtige Rolle. Ich kann dies aus eigener Erfahrung bestätigen. Und zwar in der Form, dass mir die Aggression in alltäglichen Auseinandersetzungen, bei denen ein gewisses Maß an Durchsetzungskraft und Mut notwendig gewesen wäre, oftmals gefehlt hat. Ich traute mich meist nicht, etwas zu sagen oder mich zur Wehr zu setzen, wenn mich jemand verbal oder auch körperlich angriff. In solchen Situationen war ich wie gelähmt. Anstatt Kampf oder Flucht wählte ich die Starre (auch bekannt als Totstellreflex, ein weiterer Überlebensmechanismus).

Ich erinnere mich an eine Szene aus meiner Jugendzeit. Ich mag 16 oder 17 Jahre alt gewesen sein. Aufgrund von diversen Intrigen und Lügen wurden mein damals bester Freund und ich aus unserer Clique verstoßen und waren von da an die Hassobjekte schlechthin –Projektionsfläche und beliebte Opfer. Am Ende eines Discoabends in der Stadthalle meines Wohnorts saß ich mit meinem Kumpel auf einer Bank in der Halle. Ich hatte seit einigen Monaten mein erstes Moped. Es war die Zeit, in der man sich in einer Mopedclique traf und gemeinsame Fahrten machte, auf Discoabende ging, mit Mädchen flirtete. Es war auch die Zeit des Heranwachsens, der Übergang vom Jungen zum Mann.

In den vorangegangenen Wochen hatte es immer wieder Provokationen und Sticheleien gegeben, sobald wir mit unseren Mopeds durch die Stadt fuhren. Insbesondere von einem jungen Kerl ausgehend. Einem großgewachsenen, rothaarigen Typ, der dafür bekannt war, keine Angst zu haben. In dieser besagten Nacht tauchte genau dieser Rotschopf plötzlich auf und setzte sich mit einem Stuhl direkt vor uns. In seinen Augen sah ich sofort, dass er es in der Nacht drauf ankommen lassen wollte. Er wollte die endgültige Eskalation und war heute Nacht bereit, zuzuschlagen, das sah ich in seinen Augen, die eine tiefe Verachtung ausstrahlten. „Da sind ja meine zwei besten Freunde", war sein erster zynischer Satz. Mein Kumpel und ich erfassten die Brisanz der Situation, spürten intuitiv, dass es jede Sekunde eskalieren konnte. Ich war eingeschüchtert, ja, ich spürte regelrecht Angst. Wir versuchten, die Spannung rauszunehmen: „Wir wollen keinen Stress mit dir, lass es gut sein." Doch es half nichts. Er setzte seine Provokationen fort. Offenbar wartete er nur darauf, dass einer von uns beiden als erstes reagierte und ausholte. Mein Kumpel und ich versuchten weiter, uns nicht provozieren zu lassen und redeten immer wieder beschwichtigend auf ihn ein: „Wir wollen hier keinen Stress mit dir".

Nach einigen Minuten stand unser Erzfeind unvermittelt auf und machte Anstalten, wieder zu gehen. Und dann ging alles ganz schnell. In der Bewegung des Aufstehens, eine Sache von wenigen Sekunden, machte er plötzlich eine rasche Drehung nach links und klatschte mir mit seiner rechten Hand mitten ins Gesicht! Das Klatschen war so laut zu hören, dass sich einige Meter entfernt stehende Jungs umdrehten. Einige applaudierten (in dem Kaff hielten alle zusammen). Er zog triumphierend von dannen, mit dem Rücken zu mir. Wahrscheinlich war er sich sicher, dass ich nicht reagieren würde. Und ich? Was tat ich? Ich blieb sitzen. Wie gelähmt. Ich spürte die Scham, ich spürte die Wut, ich spürte die Hitze im Gesicht – und doch konnte ich mich nicht rühren. Ich blieb in meiner Schockstarre sitzen und ließ die öffentliche Demütigung über mich ergehen. Erst als ich kurze Zeit später zu Hause war, kamen mir die Tränen – und die Selbstvorwürfe (unabhängig davon, dass der andere wahrscheinlich stärker gewesen wäre).

Ein trauriges, aber auch lehrreiches Beispiel von nicht gelebter Aggression. Von einer regelrechten Aggressionshemmung. Vielleicht war es sogar klüger, nicht auf diesen Gewaltakt reagiert zu haben (wer weiß, wie es für mich geendet hätte). Trotzdem war es eine Demütigung, sprichwörtlich eine schallende Ohrfeige, für mein Männlichkeitsgefühl. Als Konsequenz aus diesem einschneidenden Erlebnis, begann ich mit Kampfsport (Ju-Jutsu) und übte diesen ein Jahr lang aus. Zu einer Revanche für diese öffentliche Demütigung kam es aber nicht mehr. Wenn, hätte sie auch in der damaligen Situation stattfinden müssen – als fairer Kampf zwischen zwei Heranwachsenden. Es wäre für meine männliche Identitätsbildung sicherlich von Vorteil gewesen.

Ringen, Raufen, sich messen, auch mal ein paar Schrammen abholen. In einem gewissen Alter ist dies für uns Jungs, die sich zu ganzen Männern entwickeln wollen, sicherlich eine wichtige Erfahrung. Wobei das kein Aufruf zu regelmäßigen Schlägereien sein soll. Doch leider wird Jungen jegliche Aggression schon im Kleinkindalter abtrainiert. Regelrecht verteufelt, abgelehnt und mit Strafe belegt. Doch warum ist das so? War das schon immer so? Diesen Fragen werden wir im nächsten Kapitel nachgehen.

Kapitel 10

Aggression: Eine zeitgemäße Neubetrachtung

Sind Aggressionen überhaupt noch zeitgemäß?

Die Frage ist durchaus berechtigt. Wir leben in einer zivilisierten Gesellschaft, in der die Wahrscheinlichkeit, in einen Kampf auf Leben und Tod verwickelt zu werden, eher gering ist. Ebenso brauchen wir in freier Wildbahn nicht mehr nach Nahrung zu jagen. Wozu also überhaupt noch Aggression neu bewerten?

Wie bereits erwähnt, erfüllt Aggression die Funktion eines wichtigen Überlebensmechanismus. Sie schützt dich auf angemessene Art und Weise, ob vor einem tätlichen Angreifer oder einem verbalen Übergriff. Aggression hilft dir dabei, dich abzugrenzen, wenn du dich überfordert oder angegriffen fühlst. Etwas, was gerade für uns hochsensible Männer immens wichtig ist und in dem wir uns immer wieder üben sollten. Aggression hilft dir im Falle einer Bedrohung, deinen Lebensraum und vor allem deine psychische Integrität zu schützen. Du benötigst Aggression für zielgerichtetes Handeln. Ist sie mangelhaft ausgebildet, gehst du Dinge zu unentschlossen an. Für eine offene und ehrliche Auseinandersetzung brauchst du ein gewisses Maß an Aggression, um Probleme und Missstände anzusprechen. Ohne dieses Aggressionspotenzial werden Konfrontationen und Streit durch Apathie, Weglaufen und aufgesetzte Anpassung vermieden. Du kannst nicht für dich einstehen. Aus Angst gehst du jeder Art von Auseinandersetzung von vornherein aus dem Weg und weißt oftmals gar nicht, was du willst. Fehlt dir als Mann ein offener Zugang zu deinem aggressiven Potenzial, verlierst du deine Antriebskraft und Entscheidungsfreude und wirkst nach außen hin oftmals schlaff. Du kannst keine erotische Spannung aufbauen und halten. In der Erotik und beim Sex stellt Aggression eine grundlegende Komponente dar.

Du siehst also: Es gibt jede Menge guter Gründe, dich mit deiner männlichen Aggression auseinanderzusetzen. Natürlich alles in einer konstruktiven und reflektierten Form und mit einem hohen Grad an Bewusstheit. Damit du

Aggression auf eine konstruktive Art und Weise nutzen kannst, muss sie behutsam und gezielt eingesetzt werden, es müssen Regeln eingehalten werden. Ich werde noch ausführlicher darauf eingehen, welche Regeln das sein können und wie du deine Aggression konstruktiv fördern kannst.

Leider werden all diese positiven Eigenschaften einer konstruktiv eingesetzten Aggression im Bereich der Pädagogik nicht ausreichend gesehen und gewürdigt, sodass es (bisher) nicht zu einem Umdenken in Erziehung und Schule gekommen ist. Gerade Jungs wird heutzutage jegliches aggressives Potenzial aberzogen, weil es gesellschaftlich nicht mehr ins Wunschbild passt. Dabei wäre für eine gesunde Persönlichkeitsentwicklung gerade bei Jungs eine sinnvolle und konstruktive Auseinandersetzung mit dieser wichtigen Emotion elementar wichtig. Anstatt die Aggressionen von unseren Kindern zu hinterfragen (was macht das Kind aggressiv?), reagiert der Elternteil, die Erzieherin oder die Lehrerin meist korrigierend und oftmals ebenfalls aggressiv, droht mit Strafe und Sanktionen. Laut dem renommierten Reformpädagogen und Familientherapeuten Jasper Juul gibt es allerdings immer einen gewichtigen Grund für das aggressive Verhalten eines Kindes, weil ein Kind sein Bedürfnis in der einzigen Sprache ausdrückt, das es beherrscht, wenn es in Not ist. (18) Juul kritisiert auch die Erwartungshaltung von uns Erwachsenen an unsere Kinder, vernünftig mit Frustrationen umzugehen, was zum einen ein Kind in diesem Alter noch nicht verstehen kann und zum anderen wir Erwachsene oftmals selbst nicht erfüllen können: „Wir erwarten, dass vierjährige [oder noch jüngere] Kinder in der Lage sein sollen, ihre Frustration auf einem intellektuellem Niveau auszudrücken. Der Großteil [der Erwachsenen] ist meist selbst nicht in der Lage, sich in der Ehe oder in anderen erwachsenen Liebesbeziehungen vernünftig zu verhalten.“(19)

Als Resultat dieser feministisch angehauchten zeitgenössischen Erziehung erhalten wir brave, nette, gehorsame und aggressionslose Jungs. Aufkommende Aggression wird nicht in angemessene Bahnen gelenkt, sondern unterdrückt – sie verschwindet aber damit nicht, sondern sucht sich auf anderen (destruktiven) Bahnen ihren Weg nach draußen. Zudem fehlt durch diese Unterdrückung oftmals den Jungen jegliche Energie und Durchsetzungskraft. Diese Feststellung ist natürlich keine allgemeingültige Aussage, aber zumindest eine, die bei immer mehr Jungs zu beobachten ist. Aus eigener Erfahrung und Beobachtung kann ich diesen Trend in der Erziehung bestätigen. Ich brauche mich da nur an meine eigene Sozialisierung zu erinnern: Mutter, Großmutter, Erzieherin, Lehrerin. Die meisten von uns sind seit frühester Kindheit von Frauen umgeben gewesen, die gewisse weiblich konnotierte Werte wie Fürsorge und emotionale Nähe vermittelten – die alle wichtig – aber eben nur eine Seite der Medaille sind. Sechs Monate lang fuhr ich in meinem Job als Taxifahrer zweimal täglich eine Kindergartentour. Gerade auch wegen meiner empathischen und offenen Art hat sich in relativ kurzer Zeit eine gewisse Bindung zu den Kindern und Erzieherinnen aufgebaut. So bekam ich einiges mit. Ich durfte Zeuge einiger Wutausbrüche von Jungen werden und erleben, wie hilflos und überfordert zum Teil einige Erzieherinnen im Umgang mit diesen Ausbrüchen waren – ihnen fiel meist nichts Besseres ein als die bekannten Abwertungen, Sanktionen und Strafen.

Dabei haben, wie wir gesehen haben, Aggressionen heutzutage durchaus nach wie vor ihre

Daseinsberechtigung, ja, sie sind sogar unabdingbar für die Entwicklung einer ganzheitlichen Männlichkeit – vorausgesetzt wir wollen all unsere männlichen Potenziale als Handlungsoptionen zur Verfügung haben. Wut und Aggression sind wichtige Emotionen eines erfüllten sozialen Lebens. Sie sind seit Anbeginn der Menschheit als Überlebensmechanismus in unserem Stammhirn (dem ältesten Gehirnteil) gespeichert. Wenn wir diese dauerhaft aufgrund von kulturell bedingten Vorurteilen verleugnen, kratzt dies im besten Fall „nur" an unserem Selbstwertgefühl und im schlechtesten Fall gefährden wir auf Dauer unsere emotionale Gesundheit.

Warum werden aber Wut und Aggression seit Jahrzehnten so geächtet und abgelehnt und vorrangig nur mit Männern in Verbindung gebracht? Liegt das alleine an dem neu entstandenen Feminismus der 68er-Generation – oder hat diese Verbannung noch tiefere Ursachen, die in unserer kulturellen Vergangenheit zu suchen sind?

Kapitel 11

Aggression und Gewalt: eine folgenschwere Gleichsetzung

Wie wir gesehen haben, wird heutzutage Aggression oftmals verurteilt und abgelehnt. Dies betrifft gleichermaßen Jungen und Mädchen in Kindergarten und Schule, Heranwachsende sowie uns erwachsene Männer. Daran ist der Feminismus der letzten Jahrzehnte nicht ganz unbeteiligt. Die neu entstandene kulturelle Bewusstseinsstufe der 68er-Generation hat dazu maßgeblich beigetragen. Die patriarchale Denkstruktur der Väter- und Tätergeneration aus dem 2. Weltkrieg sollte aufgebrochen werden. Es war auch ein Protest von Jung gegen Alt, von einer Generation von Studenten gegen ihre Väter. „Trau keinem über 30", war einer der Schlachtrufe dieser Gegenkultur. Wie bei allen kulturellen Umbrüchen und Erneuerungen in der menschlichen Geschichte, kam es in der Folge zu begrüßenswerten und weniger begrüßenswerten Entwicklungen.

Eine der positiven Entwicklungen war die Befreiung der Frau aus jahrzehntelanger patriarchaler Unterdrückung und Gewalt. Man(n) muss sich das mal vorstellen. Noch im Jahr 1966 gab es ein Ehegesetz, das die Ehefrau unter anderem zu regelmäßigen Beischlaf „verpflichtete". Der Mann konnte sogar bei einem Verstoß gegen dieses Gesetz vor Gericht ziehen und gegen eine „Zerrüttung der Ehe" klagen. Zum Beispiel, wenn die Frau aus persönlichen Gründen den Beischlaf verweigerte. Heute undenkbar, damals sogar von Gesetzes wegen her legitimiert. Der aufkommende Feminismus hat nicht nur dieses absurde Ehegesetz abgeschafft, sondern sich auch stark gemacht, um Gewalt gegen Frauen und Kinder zu verhindern, was leider allzu oft in den Jahrhunderten vorkam und ein absolut berechtigtes Anliegen war. Dies war eine der positiven Entwicklungen aus dieser Gegenkultur, die absolut begrüßenswert ist, was ich hier deutlich unterstreichen möchte. Doch in Folge dessen kam es außerdem zu ein paar gravierenden Denkfehlern, die unreflektiert von der Allgemeinheit übernommen wurden. Aggression wurde mit Gewalt gleichgesetzt und vor allem ausschließlich Männern zugeschrieben. Im Folgenden beziehe ich mich im Wesentlichen auf die

Ausführungen des Autors Björn Thorsten Leimbach aus seinem Buch *Männlichkeit leben. Die Stärkung des Maskulinen.*(20)

1. Denkfehler: Gewalt und Aggression sind ausschließlich männliche Verhaltensweisen.

Aus der Menschheitsgeschichte heraus betrachtet mag diese Aussage stimmen. Zahlreiche Kriege und Auseinandersetzungen sind von Männern initiiert worden. Im 21. Jahrhundert sieht die Sache etwas anders aus. Zahlreiche Studien belegen, dass Gewalt und Aggression keinesfalls nur von Männern ausgeht. Dies gilt insbesondere für den Bereich der häuslichen Gewalt, auch wenn in der öffentlichen Wahrnehmung ein ganz anderes Bild vorherrscht. Viele internationale Studien belegen, dass das Gewaltpotenzial zwischen Männer und Frauen nahezu ausgeglichen ist. Die wohl umfangreichste Studie dazu, hat Bastian Schwithal in seiner Dissertation *Weibliche Gewalt in Partnerschaften* vorgelegt.(21) Dazu hat er zirka 300 internationale Studien ausgewertet. Ergebnisse:

➔ Frauen wenden genauso häufig oder häufiger emotionale *und* körperliche Gewalt gegen ihren Partner an.

➔ Auch in Fällen schwerer Gewalt ist das Verhältnis zwischen den Geschlechtern ausgeglichen.

➔ Frauen setzen Gewalt überwiegend zum Angriff statt zur Verteidigung ein.

➔ Männliche Opfer finden bei Aufklärungs- und Interventionsprogrammen gegen häusliche Gewalt auch weiterhin kaum Beachtung.

➔ Medien und Informationspolitik der Regierungen tragen zu einem völlig verzerrten Bild von den Opfer- und Täterrollen von Männern und Frauen bei.

2. Denkfehler: Männer sind grundsätzlich die Täter und Frauen sind die Opfer von Gewalt.

Wie eben bereits erwähnt, ist diese Aussage so nicht mehr haltbar. Unsere Medienwelt trägt zur Aufrechterhaltung dieses Denkfehlers mit bei. In den meisten Filmen und Blockbuster metzeln sich Männer gegenseitig nieder, quälen oder unterdrücken eine Frau. „Die Wortkombination von Mann und Opfer passt in der öffentlichen Wahrnehmung einfach nicht zusammen“, wie

Bastian Schwithal in seiner Dissertation bemerkt. Noch weniger Bewusstsein oder Verständnis gibt es für männliche Opfer von sexueller und emotionaler Gewalt.

3. Denkfehler: Aggression wird mit Gewalt gleichgesetzt.

Aufgrund zahlreicher Vorurteile und in der öffentlichen Wahrnehmung festgesetzter Glaubenssätzen, wird jegliche Aggression als Gewalt geächtet, insbesondere bei Männern, und als unsozial und unerwünscht abgelehnt. Mit den im vorherigen Kapitel aufgezeigten beträchtlichen Konsequenzen in unserer Erziehung und im Umgang mit Kindern, allen voran mit Jungen.

Geschichtliches Erbe

Die Gleichsetzung von Aggression und männlicher Gewalt hat aber nicht nur mit den gesellschaftlichen Entwicklungen im Zuge des Feminismus der 70er Jahre zu tun. Sie hat auch mit unserer deutschen Geschichte und Vergangenheit zu tun. Deutschland hat zwei verheerende Weltkriege in kurzer Zeit erlebt.

Daraus bedingt entwickelten wir Deutschen eine ungeheure Angst vor und Abwehr von Aggression, was angesichts der abscheulichen Menschheitsverbrechen absolut nachvollziehbar ist. Im zweiten Weltkrieg erlebten wir eine nie dagewesene Form der Eskalation von Gewalt. Ein regelrechter Kulturbruch, der uns auch noch zwei Generationen nach dem Krieg in seinen traumatischen Fängen hält. Ich gehöre im Übrigen zu dieser zweiten Generation von Traumatisierten, in der Form, dass die kollektiven Traumata von Generation zu Generation weitergeben werden – unbewusst und stillschweigend. Aufgewachsen bin ich in einem Drei-Generationen-Haus. Mein Großvater hat in Russland gekämpft und dort ein Bein verloren. Keiner kann ermessen, was die Soldaten dort erlebt haben. So brachte mein Großvater aus diesem Krieg Disziplin, Härte, Strenge und ein eisernes Schweigen mit und gab all dies in Ermangelung besseren Wissens und auch Könnens (den Soldaten fehlte jeglicher psychologischer Beistand) an seine Kinder weiter, unter anderem an meine Mutter. Das Ausschweigen von persönlichen Konflikten, Gefühlen und Befindlichkeiten gehörte in meinem Elternhaus zur Tagesordnung. Erst wir in der zweiten

Nachkriegsgeneration fangen nun langsam an, dieses Schweigen zu brechen, Traumata aufzuarbeiten und alte Wunden kollektiv wie individuell zu heilen.

Das kollektive Kriegstrauma wirkt bis heute nach und ist tief in unseren Seelen verankert. „Mit der Distanzierung vom Nationalsozialismus und seiner Gewaltanwendung werden zugleich auch Aggressionen verdammt. Dieser Entwicklung liegt die Ansicht zugrunde, dass es ohne Aggression auch keine Gewalt gibt. Die Haltung hinter dieser Annahme lautet: Wenn Männern das aggressive Potenzial aberzogen wird, werden sie nie wieder zu solcher Gewalteskalation fähig sein" konstatiert Björn Thorsten Leimbach in seinem Buch *Männlichkeit leben. Die Stärkung des Maskulinen*(22)

Was hierbei leicht übersehen wird: Männer waren ebenso Opfer einer skrupellosen Propaganda und einer entsprechenden Erziehung und Vorbereitung durch die Mütter. Die expandierende Kriegsmaschinerie benötigte ständig neue, obrigkeitshörige Soldaten. So kommt Björn Thorsten Leimbach zu einer abschließenden und ernüchternden Erkenntnis: „Leider wurde mit der Ächtung von Aggressionen das Kind mit dem

Bade ausgeschüttet. Die Verneinung jedes aggressiven Potenzials, vor allem bei Männern, ist keine Lösung, um die Vergangenheit aufzuarbeiten, und auch kein Weg zu einer friedlichen Gesellschaft. Das zeigt sich bereits im ganz Kleinen: Das Bemühen pazifistischer Eltern, ihren Kindern jedes Kriegsspielzeug vorzuenthalten, um keine Aggressionen entstehen zu lassen, war letztlich nicht von Erfolg gekrönt."(23)

Wann aus Aggression Gewalt wird

Es gibt einen großen Unterschied zwischen Aggression und Gewalt. Aggression wird immer dann destruktiv und unkontrolliert, wenn Regeln missachtet werden. Kein Respekt für den Gegner herrscht. Im Kampfsport ist das gut ersichtlich. Im Ju-Jutsu oder Boxen wird Aggression kontrolliert und innerhalb bestimmter Regeln eingesetzt. Langjährige Kampfsportschüler wissen ihre Aggression zu kontrollieren. Als ich vor einigen Jahren für ein Jahr Ju-Jutsu ausübte, konnte ich das selbst erleben. Es hieß auch Selbstverteidigung und nicht Kampfsport. Es ging in erster Linie um die Abwehr eines Angriffs, nicht darum, selbst anzugreifen. Bei den Übungen ging es nie um eine mutwillige Verletzung des Gegners, sondern um ein Ausweichen und Außer-Kraft-Setzen. Diesen Unterschied klar zu betonen, ist mir ganz besonders wichtig: Gewalt *zielt* auf eine Zerstörung von Gegenständen, auf eine Verletzung oder sogar Tötung eines Gegners ab. Gewalt ist unkontrolliertes und *willkürliches* Ausleben von Aggression. Menschen, die so handeln, die gewalttätig werden, fehlt jegliches Bewusstsein und jegliche Kontrolle über ihre Aggressionen. Die Aggression hat sich bei ihnen meist schon länger angestaut und entlädt sich aufgrund banaler Auslöser unkontrolliert und schädigend. Die Verhältnismäßigkeit geht komplett verloren: Statt einen tätlichen Angriff gezielt abzuwehren, wird der Gegner krankenhausreif geschlagen. Statt einer klaren Ansage, hagelt es wüste Beleidigungen. Zum Teil kenne ich das Ausfallendwerden von mir selbst. Mittlerweile weiß ich aber, dass dies mit aufgestauten, unverarbeiteten Emotionen in mir zusammenhängt.

Doch können wir lernen, mit unseren Aggressionen, die oftmals durch Kränkungen oder Enttäuschungen entstanden sind, umzugehen. Indem wir sie in mehr Durchsetzungskraft verwandeln. Wir können lernen, mit Aggression zu spielen, egal, ob es um einen provokanten Witz oder Erotik geht. Wir können lernen, unsere Grenzen zu wahren, Nein zu sagen, uns zu verteidigen, um nicht verletzt zu werden. Für all das benötigen wir eine gezielt eingesetzte Aggression. Abschließend ist noch einmal festzuhalten, dass für die Entwicklung einer gesunden männlichen Identität eine positiv und kultiviert gelebte Aggression unverzichtbar ist.

Kapitel 12

Softie versus Macho: Beispiele für fehlgeleitete Aggression

Wer kennt sie nicht?

Die beiden männlichen Stereotype: den *Softie* und den *Macho.*

Der Typ des Machos bestimmte lange unsere Nachkriegszeit. Bis es in den 70er Jahren zu einer Gegenkultur kam, wodurch Männer ihre weibliche Seite entdeckten, weinen und über ihre Gefühle sprechen konnten: der Softie war geboren. Vorab ist festzuhalten, dass beiden Typen gemein ist, dass sie keinen Zugang zu ihrer kultivierten Aggression gefunden haben, die im vorherigen Kapitel skizziert wurde.

Der **Macho** wird meist gleichermaßen von Männern wie Frauen abgelehnt. Das liegt daran, dass er Aggression – in negativer Form – willkürlich und egoistisch auslebt. Er verpasst keine Gelegenheit zum Kräftemessen, um seine allumfassende Dominanz zu demonstrieren. Er hat meist keine Kontrolle über sein Verhalten (und damit über seine Aggression). Das mag keine Frau – und meist auch kein anderer Mann. Abgelehnt wird nicht die Männlichkeit per se, sondern die ständige Selbstdarstellung und Zurschaustellung seiner vermeintlichen Herrlichkeit und vor allem die Gewaltbereitschaft, die eine Kompensation für die tief verwurzelten Selbstzweifel eines Machos darstellt.

Der **Softie** geht in die ganz andere Richtung. Er vermeidet jegliche Form positiven, aggressiven Verhaltens. Das wiederum mag auch keine Frau. Welche Frau mag einen Mann, den sie ständig ermutigen muss, der sie bei Gefahr nicht beschützen kann, der bedürftig ist und der sich nicht abgrenzen kann? Ja, es geht sogar so weit, dass viele Softies sich sogar dafür schämen, Mann zu sein. Der Softie versucht, seine Aggression zu unterdrücken und entschuldigt sich dafür, eine Frau sexuell zu begehren. *(aus: Männlichkeit leben. Die Stärkung des Maskulinen von Björn Thorsten Leimbach)*

Tendenziell würde ich mich eher zum Typ Softie zählen. Der bereits erwähnte Frauenversteher und Kumpel. Nach all dem, was ich gelesen und durch viele Gespräche in den letzten Jahren verstanden habe, mögen Frauen Männer, die Zugang zu ihrem *aggressiven wie emotionalen* Potenzial haben. Genau dies ist auch mein Plädoyer für eine ganzheitliche Männlichkeit. Dafür, Zugriff auf beide Potenziale zu haben. Für mich als hochsensiblen Mann bedeutet dies, mehr meine aggressive und kraftvolle Seite zu erwecken. Der emotionale Anteil ist mir ja schon seit Jahren wohl vertraut. Ziel ist, beides in Einklang zu bringen. Ein Mann zu sein, der Stärke, Herzensweisheit, Charisma und Beschützerinstinkt ausstrahlt.

Eine Frau lehnt alleine die negativ und destruktiv gelebte Form von Aggression ab, dies wirst du aus eigener Erfahrung wissen: Gewalttätigkeit, Machtdemonstration und ständige Rechthaberei. Sie sehnt sich aber nach einer starken Schulter – um sich ganz fallen lassen zu können. Ich glaube, dass die Sehnsucht einer Frau nach Rückhalt, Sicherheit und Stärke eines Mannes, jenseits von Machotum, in unserer heutigen Zeit sehr groß ist. Denn dadurch kann sie aufhören zu kämpfen und sich ganz der Entwicklung ihrer weiblichen Qualitäten zuwenden. Und dafür brauchen wir als (hochsensible) Männer uns nicht in einen Macho zu verwandeln, sondern „lediglich“ unsere Rolle im 21. Jahrhundert neu zu definieren, indem wir Herzlichkeit, Rückgrat und Selbstvertrauen ausstrahlen und uns nicht für unser Mann-Sein schämen. Eine Art Synthese aus den beiden Extremen Macho und Softie. Damit erweisen wir nicht nur der Frau einen Dienst, sondern allen voran uns selbst und unserem Selbstverständnis als Mann.

Kapitel 13

Bist du aggressionsgehemmt?

Bis hierher haben wir einiges über den Umgang mit Aggression in unserer heutigen Zeit erfahren. Wir konnten sehen, wie sehr die Ächtung von jeglicher Form von Aggression mit unserer deutschen Vergangenheit zusammenhängt. Zahlreiche Studien der vergangenen Jahre stellten fest, dass die alleinige Zuschreibung von Aggression und häuslicher Gewalt auf Männer so nicht korrekt ist und meist einseitig in den Medien dargestellt wird. Als Resultat unseres geschichtlichen und feministischen Erbes wird Jungs von klein auf an jegliches aggressives Verhalten abtrainiert. Ich werde nicht müde, zu betonen, dass es sich bei meinen Erörterungen um ein Plädoyer für eine konstruktive und kultivierte Aggression handelt und nicht um ein blindwütiges Ausagieren von Gewalt und Hass.

Nach dem zuvor Geschilderten wird es dich nicht weiter verwundern, dass heutzutage immer mehr Männer an einer Aggressionshemmung leiden.

Die Gründe dafür sind vielfältig und wurden in den vorangegangen Kapitel bereits grob skizziert. In Kurzform kann man es auf folgende drei Nenner bringen: Ablehnung des Vaters (der „Tätergeneration“), fehlende männliche Vorbilder und Bezugspersonen und mangelnde Abnabelung von der Mutter. Dadurch verharren viele Männer in einer sicheren und geborgenen Komfortzone, was einem kleinen Jungen, aber nicht einem Mann entspricht.

Du fragst dich gerade, ob dich diese Aggressionshemmung auch betrifft?

Die folgenden Fragen sollen dir lediglich als erste Orientierung für eine etwaige Aggressionshemmung dienen. Sie erfüllen keine wissenschaftliche Aussagekraft.

- ➔ Fühlst du dich von Frauen abhängig?
- ➔ Hältst du es nur schwer aus, wenn deine Partnerin dich kritisiert?
- ➔ Hast du es dir angewöhnt, bei Kritik oder Nörgeleien deiner Partnerin auf Durchzug zu schalten, anstatt sich zu wehren?

- ➔ Schweigst du oder lenkst du vom Thema ab, anstatt einen Streit zu provozieren?
- ➔ Gibst du nach dem ersten Versuch, deine Freundin für Sex zu begeistern, auf, wenn du eine Abfuhr bekommst?
- ➔ Lässt du dir die Vorhaltungen deines Chefs gefallen, obwohl du anderer Ansicht bist, weil es *„ja doch nichts nützt“*?
- ➔ Arbeitest du dich im Sex an deiner Partnerin ab, damit sie zum Orgasmus kommt?
- ➔ Lehnst du deinen Vater ab?
- ➔ Erzählst du deiner Frau immer alles, was du gemacht und mit Freunden beredet hast, weil du Geheimnisse verabscheust?
- ➔ Streitest du nicht, wenn jemand sich an der Kasse vordrängelt?

(aus: *Männlichkeit leben. Die Stärkung des Maskulinen* von Björn Thorsten Leimbach) (24)

Eine Aggressionshemmung ist keine Krankheit. Auch nichts Behandlungsbedürftiges. Eher ein Verhaltensmuster, das tief in den neuronalen Bahnen deines Gehirns eingegraben wurde. Es geht auch nicht darum, nun als sensibler Mann von heute auf morgen besonders aggressiv zu werden. Die Fragen sollen dich lediglich für eine gewohnheitsmäßige Verhaltensweise sensibilisieren, zum Nachdenken anregen, und dich vielleicht zu einer Änderung im einen oder anderen Punkt animieren.

Kapitel 14

15 Empfehlungen, wie du deine Aggression fördern kannst

Zum Abschluss dieses Teils möchte ich dir einige Empfehlungen an die Hand geben, die dazu dienen, dein Durchsetzungs- und Aggressionspotenzial in deinem Alltag zu trainieren und zu stärken.

15 Empfehlungen, wie du deine Aggression in *konstruktiver* Weise fördern kannst:

- ✔ Finde eine positive Haltung zu Auseinandersetzungen. Mache dir deutlich, dass jeder bewusste Konflikt dein Kriegerpotenzial stärken wird.
- ✔ Akzeptiere Meinungsverschiedenheiten und unterschiedliche Wertesysteme. Vermeide eine ständige *„Harmoniesucht“*.

- ✔ Lass dich nicht demütigen! Wehre dich, wenn jemand dich respektlos, verletzend oder manipulativ behandelt.
- ✔ Höre auf Ja zu sagen, wenn du Nein meinst!
- ✔ Lächele nicht, wenn dir nicht nach Lächeln zumute ist.
- ✔ Trau dich, auch einmal provokant zu sein oder einen gewagten Witz zu machen.
- ✔ Schau deinem Gegner, mit dem du streitest, direkt in die Augen und kehre ihm nicht den Rücken zu.
- ✔ Zeige deiner Partnerin, dass du ein Mann bist, indem du nicht gegen sie, sondern für sie kämpfst, indem du ihr den Rücken stärkst. Regele Streitigkeiten mit Behörden oder andere alltägliche Auseinandersetzungen.
- ✔ Akzeptiere auch Niederlagen, Verluste und Schmerzen. Ohne diese kann ein (sanfter) Krieger nicht wachsen. Lerne aus jeder Niederlage etwas Positives.

- ✔ Suche und praktiziere eine Sportart, in der du Aggressionen entwickeln und in fairer Weise kämpfen lernst (z.B. asiatische Kampfsportarten)

- ✔ Sage und zeige einer Frau in respektvoller Weise, wenn du sie attraktiv findest.

- ✔ Sage deine Meinung, auch wenn du dadurch mal Ärger riskieren solltest.

- ✔ Setze dich selbst und persönlich mit einem Gegner auseinander, anstatt stets Stellvertreter wie Rechtsanwälte vorzuschieben.

- ✔ Trete entschieden und kraftvoll gegen Gewalt, Unterdrückung und Ungerechtigkeiten auf.

- ✔ Sorge dafür, dass wichtige Verhaltensregeln in der Familie eingehalten werden.

(aus: *Männlichkeit leben. Die Stärkung des Maskulinen* von Björn Thorsten Leimbach) (25)

Teil IV:

GANZHEITLICHE MÄNNLICHKEIT

Kapitel 15

Mein ganzheitlicher Ansatz aus der Integralen Theorie

„*Integral* - dieses Wort bedeutet integrieren, zusammenführen, vereinigen, vernetzen, umfangen. Dabei geht es nicht um Uniformität und nicht um ein Ausbügeln all der wunderbaren Unterschiede, Farben und Zickzacklinien der regenbogenfarbenen Menschheit. Es geht vielmehr um eine Einheit in der Vielfalt, in der man Gemeinsamkeiten zusammen mit unseren wundervollen Unterschieden genießen kann."

Ken Wilber

Nun sind wir schon im letzten Teil dieses Buches angekommen. Ich weiß nicht, wie es dir geht. Für mich jedenfalls war es bis hierher eine aufregende und spannende Reise. Auf den vorherigen Seiten habe ich schon des Öfteren den Begriff einer ganzheitlichen Männlichkeit erwähnt. Zum Einstieg in diesen letzten Abschnitt des Buches möchte ich dir zeigen, was der Begriff *Ganzheitlichkeit* für mich bedeutet und welche Quellen und Autoren mich nachhaltig beeinflusst haben. Welche Theorie und welches Bewusstsein hinter diesem Konzept stehen und was ich eigentlich genau mit ganzheitlicher Männlichkeit meine. Der Begriff Ganzheitlichkeit ist für mich eng mit der *Integralen Theorie* verbunden, die ich vor ziemlich genau vier Jahren kennenlernte – und die seitdem mein Weltbild und Denken nachhaltig geprägt hat. Die Integrale Theorie basiert im Wesentlichen auf den amerikanischen Philosophen und Denker Kenneth Wilber. Von einigen Kommentatoren wird er der „Einstein der Bewusstseinsforschung" genannt. Zweifellos gehört er zu den größten Denkern des 20. Jahrhundert.

Zum Ende meiner Auszeit verbrachte ich den Jahreswechsel von 2011 auf 2012 auf der griechischen Halbinsel Peloponnes. Dort, ganz im Süden, in der wilden Mani, lebte ich bis März 2012 bei einem österreichischen Ehepaar, das vor dreißig Jahren hier her auswanderte. Fritz und Burgi gelten als Pioniere im Bereich der biologischen Olivenölproduktion (www.mani-blaeuel.de). Fritz ist seit über fünfundzwanzig Jahren ein glühender Anhänger und Kenner der Integralen Theorie nach Wilber. Aufgrund meiner knappen Reisekasse kam mir ein kostengünstiges und absolut faires Arrangement, das ich mit Burgi für meinen Winteraufenthalt getroffen hatte, sehr entgegen. Vormittags half ich in Garten und Haushalt vier bis fünf Stunden mit, als Gegenleistung durfte ich stark vergünstigt in einem der Ferienhäuschen mit Meerblick wohnen. Der Rest des Tages stand zu meiner freien Verfügung. Also viel Zeit für Wanderungen, Gespräche und Lesen.

So dauerte es nicht lange, bis ich mit Fritz ins Gespräch kam. Schnell entdeckten wir Gemeinsamkeiten in unseren Interessen- und Wissensgebieten, unseren Meditationserfahrungen und unserer lang anhaltenden Suche nach Sinn und einem umfassenden Verständnis. Während unserer ausgiebigen Spaziergänge über die schroffen Hänge der Mani und der intensiven Lektüre von Wilbers Büchern wuchs mein Verständnis und auch meine Begeisterung für diese *Theorie von Allem*. Heute kann ich mit Fug und Recht behaupten, dass diese drei Monate für mich die lehrreichsten und Horizont erweiterndsten meines bisherigen Lebens waren. Noch heute bekomme ich eine Gänsehaut, wenn ich daran zurückdenke. Ich würde sogar von einer Bewusstseinserweiterung sprechen, nachdem ich intellektuell die Tragweite und das Allumfassende dieser Theorie verstanden habe. In mancherlei Hinsicht erinnern mich heute die langen Spaziergänge und die direkte Wissensvermittlung von einem erfahrenen Mentor an einen Schüler an das antike Griechenland, an die Wurzeln unserer Demokratie, an die Polis mit ihren Marktplätzen und öffentlichen Debatten. Es war eine wertvolle Zeit und eine einmalige Gelegenheit in meinem Leben.

In den Jahren zuvor hatte ich den Namen Kenneth Wilber schon das eine oder andere Mal gehört, ihm aber nie nähere Beachtung geschenkt. Im Gegenteil, das Wenige, was ich von diesem Denker gehört hatte, hatte ich als eine weitere "ach so schlaue Theorie" abgetan. Nichts wirklich Neues und Bahnbrechendes. Mit derart kritischem Geist ging ich an die Lektüre der ersten Bücher über den integralen Ansatz heran. Mein großes Glück bestand darin, dass ich meine Zweifel und Fragen, die beim Lesen aufkamen, an einen echten Kenner der Theorie richten konnte, der beste Weg, um etwas Neues zu lernen und zu verstehen. Noch nie zuvor hat eine Theorie bei mir in so kurzer Zeit so hohe Wellen geschlagen. Schnell konnte ich erkennen, dass diese *Theorie von Allem* all jenes verbindet, womit ich mich in den letzten Jahren so intensiv beschäftigt hatte: von Freud bis Nietzsche; von der Chaostheorie bis zum Zen-Buddhismus. Du siehst: Mittlerweile bin ich auch ein glühender Anhänger der Integralen Theorie geworden. Ich lade jeden, der interessiert ist, dazu ein, sich ein eigenes Bild zu machen, so wie ich es seinerzeit getan habe.

Um was geht es nun in der Integralen Theorie?

Für eine Antwort, die dieser Frage völlig gerecht wird, wäre der Umfang eines ganzen Buches notwendig. Da diese Theorie den Anspruch hat, so viele Sichtweisen, Ebenen und Erkenntnisse der Wirklichkeit wie möglich einzubeziehen, ist sie natürlich dementsprechend komplex und vielschichtig – wie unser Leben und unsere Realität eben auch. Trotzdem möchte ich versuchen, für meinen Ansatz einer ganzheitlichen Männlichkeit einen wesentlichen Aspekt dieser Theorie darzustellen. Die Integrale Theorie nach Ken Wilber entwickelt eine umfassende Sicht des

Menschen und der Welt. Dabei geht das Bemühen dahin, prämoderne, moderne und postmoderne, östliche und westliche Weltsichten sowie spirituelle Einsichten und wissenschaftliches Denken zu integrieren. Während eines dreijährigen Retreats kam Wilber ein bahnbrechender Geistesblitz. Wenn wir uns die Geistes- und Naturwissenschaften, die alten Weisheitstraditionen, Religionen etc. ansehen, stellen wir fest, dass es immer zwei schlichte Unterscheidungen gibt: *Innen-Außen* und *Individuell-Kollektiv*. Diese Unterscheidungen nehmen wir im Alltag sowieso jederzeit vor, wenn auch meist unbewusst. Aus dieser Erkenntnis entwickelte Wilber eine tragende Säule seiner ganzen Theorie und gleichzeitig ein Modell, das versucht, allen Dimensionen des menschlichen (Bewusst-)Seins gerecht zu werden. Sowohl-als-auch anstatt Entweder-oder ist hierbei die Maxime. Wilber erkannte, dass es in unserem *Kosmos,* oder einfach in unserer Existenz, vier fundamentale Sichtweisen gibt, „nämlich die innere und äußere, die des Individuums und die der Gemeinschaft."(26)

Aus dieser Erkenntnis heraus entwickelte er sein *Vier-Quadranten-Modell*, das bei seiner Veröffentlichung weltweit für Aufsehen sorgte. Wie erwähnt, basiert es auf zwei grundlegende Unterscheidungen, die man ohnehin die ganze Zeit vornimmt. Aus dieser Sichtweise heraus ergeben sich vier Erfahrungsebenen in unserem Erleben von Wirklichkeit:

	innen	*außen*
individuell	**„ICH-Raum“** *subjektiv & intentional* (Selbst-)Bewusstsein, Gedanken, Gefühle, Bedürfnisse, innere Zustände, persönliche Überzeugungen, Werte, Mentalität, Einstellung, eigene Vision	**„ES-Raum“ (singular)** *objektiv & empirisch* Verhalten, Auftreten, gezeigte Fähigkeiten, Leistung, Physiologie, Körper, Organismus, Energien, Gehirnwellen
kollektiv	**„WIR-Raum“** *kulturell & intersubjektiv* kulturelle Prägungen, geteilte Bedeutungen, Beziehungen, gegenseitiges Verständnis, Gruppengeist, kollektive Ethik, gesellschaftliche Werte	**„ES-Raum“ (plural)** *sozial & systemisch* soziales Umfeld, Umwelt, Systeme, Prozesse, Gesellschaftsstrukturen, Wissenschaft, Technologie, Medien, Märkte, Globus

*Vier-Quadranten-Modell (*integralesleben.org)

Zur besseren Verdeutlichung dieses Ansatzes ein einfaches Anwendungsbeispiel: Ein Gedanke.

- ➔ Einen Gedanken, der mir kommt, erlebe ich phänomenologisch-subjektiv (oberer linker Quadrant).
- ➔ Dieser Gedanke hat hirnphysiologische Entsprechungen (oberer rechter Quadrant).
- ➔ Der Gedanke entsteht vor dem Hintergrund meiner kulturellen Prägungen (unterer linker Quadrant).
- ➔ Dieser Gedanke ist zugleich auch geprägt von den gesellschaftlichen Verhältnissen, in denen ich lebe (unterer rechter Quadrant).

Von diesem Ansatz ausgehend, hat der bekannte Männercoach und Seminarleiter Christian Bliss (www.maennlichkeit-leben.com), das Vier-Quadranten-Modell von Ken Wilber auf seine Männerarbeit adaptiert:

individuell	**„ICH-Raum“** *subjektiv & intentional* Bewusstsein schaffen, Selbstreflexion, Gefühle ins Fließen bringen, Meditation, inneres Wachstum, Potenzialentfaltung, Arbeit an individuellen Schatten	**„ES-Raum“ (singular)** *objektiv & empirisch* Körperarbeit, Bewegung, Wissensvermittlung, Verhaltensänderung
kollektiv	**„WIR-Raum“** *kulturell & intersubjektiv* Lüften von Tabus, Neues Wir-Gefühl, Entwicklung der Beziehungsfähigkeit, Werteentwicklung, Arbeit an kollektiven Schatten	**„ES-Raum“ (plural)** *sozial & systemisch* Befreiung aus Rollenzwängen, Strukturelle Veränderung, Vernetzung, öffentliche Meinungsbildung mitgestalten

Vier-Quadranten-Modell auf das Thema Mann-Sein (Tabelle: männlichkeit-leben.com/vier-quadranten-modell)

Mit freundlicher Genehmigung von Christian Bliss, bei dem ich bald ein Männertraining absolvieren werde, darf ich sein hervorragend adaptiertes Vier-Quadranten-Modell zur Erläuterung des Ansatzes einer ganzheitlichen Männlichkeit verwenden. Wenn wir das *Vier-Quadranten-Modell* für unsere Vorstellung von Mann-Sein verwenden, ergeben sich folgende Bereiche:

- ✔ Mein Mann-Sein erlebe ich subjektiv anhand bestimmter Empfindungen, Gefühle, Bedürfnisse, Werte, Einstellungen, aufgrund meiner persönlichen Biografie etc. (oberer linker Quadrant).

- ✔ Nach außen zeigt sich mein Mann-Sein durch mein Verhalten, Auftreten, meine Kleidung, Körpersprache, Gestik, Stimme, meinen Körperbau, meine Geschlechtsorgane etc. (oberer rechter Quadrant).

- ✔ Mein Selbstverständnis als Mann ist geprägt durch kulturelle Werte, Geschlechterbilder, Traditionen, Religion etc. (unterer linker Quadrant).

- ✔ Es ist zugleich geprägt durch mein soziales Umfeld, Geschlechterrollen, gesellschaftliche Verhältnisse, Herrschaftsverhältnisse etc. (unterer rechter Quadrant).

Eines meiner großen Anliegen in diesem Buch ist es, das Verständnis für unsere sensible und für unsere archaische Seite von Männlichkeit zu stärken und beide dann letztlich miteinander in Einklang zu bringen. Dabei kann uns das eben vorgestellte Vier-Quadranten-Modell enorm helfen. In den vorherigen Kapiteln haben wir uns angeschaut, wie wir als hochsensible Männer gerade unsere archaische Seite (mit Hilfe der Akzeptanz von Aggression) stärken können. Mit der Adaption des Vier-Quadranten-Modells auf das Thema Mann-Sein können wir nun versuchen, eine Integration unserer sensiblen und archaischen Seite vorzunehmen, um beide Potenziale als Handlungsoptionen in ganz unterschiedlichen Situationen zur Verfügung zu haben.

Damit wir nicht zu sehr in eine „trockene Theorie“ abdriften, was ich nach bestem Gewissen zu vermeiden versuche, schauen wir uns in den nächsten beiden Kapiteln an, welche Anknüpfungspunkte und Erfahrungswerte sich von unserer sensiblen und archaischen Seite als wichtige Aspekte unserer Männlichkeit ergeben.

Kapitel 16

Die sensible Seite unserer Männlichkeit

In zweiten Teil des Buches habe ich aufgezeigt, wie sich eine erhöhte Sensibilität bei einem Mann zeigen kann. Zum Beispiel durch ein größeres Einfühlungsvermögen, eine erhöhte Geräuschempfindlichkeit und eine tiefere und längere Verarbeitung von Eindrücken und Gefühlen. Gleichzeitig gibt es einige wichtige Impulse, die wir hochsensiblen Männer aufgrund unserer Veranlagung in unser Umfeld einbringen können. Dazu zählt die Erschaffung eines neuen Familienbildes (Umgang mit und Erziehung von Kindern), ein größeres Verantwortungsgefühl für Umwelt und Tiere (Umweltschutz, Veganismus) oder auch eine Weigerung, den Erwartungen unserer Leistungsgesellschaft zu entsprechen. Die sensible Seite unserer Männlichkeit ist: intuitiv, feinfühlig, verantwortlich, empathisch, weich, subtil, berührbar, unkonventionell.

Die sensible Seite unserer Männlichkeit zeigen wir, wenn wir uns wohlfühlen. Wenn die Bedingungen, innen wie außen, stimmen und zu unseren Grundbedürfnissen passen. Wenn wir uns in einem vertrauten Umfeld befinden. Mit vertrauten Menschen um uns herum. Wenn wir uns trauen, unsere Gefühle zu zeigen. Wir offenbaren diese sensible Seite, wenn wir verliebt sind. Oder wenn wir „Flow-artig" in einer Tätigkeit oder Sache vollkommen aufgehen. Archetypisch gesprochen aktivieren wir mit unserer sensiblen Seite das Potenzial des Magiers, den weisen und lebenserfahrenen Anteil in uns (siehe Kapitel Archetypen). Leider ist es so, dass es viele Männer gibt, die wenig über ihre sensible Seite wissen. Oder sie nur für kurze Momente spüren, aber nicht annehmen. Sie lehnen diesen Teil in sich als „unmännlich" ab. Daran ist unsere Gesellschaft mit ihren kulturellen Prägungen nicht ganz unbeteiligt. Solche Männer sind abgeschnitten von ihren Gefühlen – da ist einfach nichts. Kein Zugang. Die Tür ist zu. Diese Gefühlsarmut betrifft leider viele Männer in Schlüssel- und Führungspositionen in Wirtschaft und Politik und damit die Entscheidungsträger unserer Gesellschaft. Der knallharte Manager, der abgebrühte Politiker.

Ein wenig zugespitzt, zugegeben. Hier gilt einmal mehr: Es sind nicht alle so, es gibt Ausnahmen. Inzwischen gibt es in vielen Bereichen Entwicklungen in Richtung eines verantwortungsbewussteren und kooperativeren (informellen) Führungsstil, aber leider ist das immer noch zu wenig.

Dann gibt es noch jene Männer, die ihre Empfindsamkeit wie ein großes Geheimnis hüten. Sie sind voller Empfindungen, Phantasien und inneren Dialogen, doch es kommt für sie nicht in Frage, sich so zart und verletzlich zu zeigen. Weil es für sie irrational ist. Oftmals auch aufgrund vergangener Verletzungen. Oder aus Angst, die Kontrolle zu verlieren. Das vor allem kenne ich allzu gut aus meinem Leben. Hinzu kann die Angst vor den Schattenseiten einer sensiblen Männlichkeit kommen: Realitätsverlust, Ziellosigkeit, Passivität, Orientierungslosigkeit. Auch deshalb schreibe ich dieses Buch. Um der männlichen Sensibilität eine Stimme zu verleihen. Erlebte und mitunter erlittene Erfahrungen nach außen zu kommunizieren. Nicht als Kummerbericht, sondern als Mutmacher. Und das so authentisch wie möglich. Allgemein benötigt es ein gewisses Maß an Mut, zu seiner Sensibilität zu stehen. Es ist nämlich ein Unterschied, ob wir sachlich-verkopft über unsere Gefühle und Empfindungen als Mann sprechen – oder ob wir uns auch mit all unseren Gefühlen zeigen. Unmittelbar, ohne Maske, „nackt“ und direkt. Dies zu leben, erfordert in jedem Fall Mut. Wir werden für unseren Mut belohnt. Wir spüren mehr von uns, von unserer Existenz. Wir nehmen mehr feinstoffliche Energien und Schwingungen in uns und um uns herum wahr. Wie ein Weltempfänger. Wir erfassen mehr die feinen Strömungen und Ebenen des Lebens, nicht nur das Offensichtliche und Greifbare.

Unser Leben ist mehr, als wir mit unserem Verstand wahrnehmen können. Mit unserem komplexen Gehirn sind wir derzeit die einzigen Lebewesen auf Erden, die die Schönheit und Wunder der Schöpfung aufnehmen können. Nicht nur das, wir können uns darüber sogar bewusst sein, uns selbst reflektieren. All dies ermöglicht uns einen Zugang zu unseren Gefühlen und Stimmungen. Zu unserer großen Feinfühligkeit. Und all dies können wir nutzen – für uns selbst und für andere. Der offene Zugang zu unserer sensiblen Männlichkeit bedeutet Tiefe, Vertrauen, Intimität, Präsenz und Bewusstsein. Wenn das keine Gründe sind, sich diesem Teil in uns zuzuwenden, ihn zu öffnen und zu nähren, dann weiß ich auch nicht.

Umgelegt auf das *Vier-Quadranten-Modell* nach Ken Wilber können wir die sensible Seite unserer Männlichkeit ganz praktisch in folgenden Bereichen erfahren und weiter integrieren:

	Innen	*Außen*
individuell	**„ICH-Raum"** *subjektiv & intentional* Meditation: Intuition und spirituelle Anbindung stärken Gefühle: subtile Empfindungen voll fühlen und ausdrücken Schattenarbeit: Passivität und erlittene Verletzungen überwinden Bewusstsein: zarte und irrationale Seiten integrieren	**„ES-Raum" (singular)** *objektiv & empirisch* Wissen: Kennenlernen von Techniken zur Unterstützung der Herzkraft und Sinnlichkeit Körper: durch Singen, Tanz und Massage die Sinne beleben Verhalten: von mechanischem zu sensitivem Verhalten
kollektiv	**„WIR-Raum"** *kulturell & intersubjektiv* Kulturelle Prägungen: den Mythos der Unverwundbarkeit auflösen Schattenarbeit: Gefühlskälte und Abwehrhaltung ab-	**„ES-Raum" (plural)** *sozial & systemisch* Soziales Umfeld: Vorbild für eine sensitive, berührbare, gefühlvolle Männlichkeit sein Gesellschaft: für Entschleunigung

	legen Tabus lüften: von emotionaler Verpanzerung zu Herzöffnung und Berührbarkeit Beziehungen: Empathie und Intimität leben	und Stille im Alltag sorgen Rollenzwänge: den Mut haben, die eigene Verletzlichkeit in der Öffentlichkeit zu zeigen und so einen Unterschied machen

Anknüpfungspunkte zum Erreichen unseres sensiblen Potenzials (Quelle: männlichkeit-leben.com/vier-quadranten-modell)

Kapitel 17

Die archaische Seite unserer Männlichkeit

Nachdem wir uns noch einmal ausführlich die sensible Seite unserer Männlichkeit angeschaut haben, wenden wir uns nun der archaischen zu. Diese Seite repräsentiert den wilden und kraftvollen Anteil in uns Männern. Die archaische Seite wird durch den Archetyp des Kriegers dargestellt. Dieser Anteil ist ein wesentlicher und fundamentaler Aspekt unseres Identitätsgefühls als Mann und bestimmt seit Urzeiten unser Leben. In der heutigen Zeit ist unser innerer Krieger leider arg in Verruf geraten. Viele Männer denken dabei an verrohte Machthaber und Soldaten, an Kadavergehorsam und Mord und Totschlag. Zur heutigen Sichtweise haben viel die grauenvollen Geschehnisse im zweiten Weltkrieg beigetragen. Der innere Krieger war bei diesen Männern degeneriert, folgte niederen Motiven und war vor allem vom Herzen abgeschnitten. Jegliches Mitgefühl fehlte. Außerdem musste jeder Abtrünnige um sein Leben fürchten. Dadurch hat der Begriff „Krieger“ in unserer heutigen Zeit einen negativen Beigeschmack erhalten. Doch ist der Krieger ein Urbild, das seit Jahrtausenden als Potenzial in uns Männern vorhanden ist.

Betrachtet man den Archetyp des Kriegers nur von diesem Standpunkt aus, kann man gut nachvollziehen, warum er heute so vehement abgelehnt wird. Vermeintlich verroht, primitiv, gewalttätig, fremdbestimmt – nein, danke, sagen dazu heute viele moderne Männer. Sie lehnen den inneren Krieger in sich komplett ab und vermeiden damit jegliche Spannung und jeglichen Konflikt. Nur kein Stress lautet die Devise. Wie ich bereits ausführlich beschrieben habe, bringt uns jedoch die konsequente Ablehnung der wilden und kraftvollen Seite als Mann kein Stück weiter. Im Gegenteil: Durch diese Ablehnung fühlen wir uns zunehmend ängstlich, verunsichert und passiv. Und schieben Frauen diese Rolle zu. Interessanterweise ist bei vielen modernen Frauen nämlich eine genau gegenteilige Entwicklung festzustellen. Ich brauche mich da nur an meine letzte Chefin zu erinnern. Sie entdecken für sich die positiven Seiten der modernen Amazonen und Kriegerinnen. Sie führen und entscheiden. Knallhart schmeißen sie von heute auf morgen einen Mitarbeiter raus. Sie haben weniger Probleme damit, sich abzugrenzen, insbesondere gegenüber Männern. Sie kämpfen und initiieren Konflikte. Sie haben Mut und Durchsetzungsvermögen. Sie finden Freude daran, ihren Willen durchzusetzen. Ich betone es immer wieder: Daran ist gar nichts auszusetzen. Frauen wurden Jahrhunderte lang systematisch unterdrückt – meist von Männern.

Doch wo stehen wir heute mit dieser Entwicklung? Was macht diese Entwicklung mit uns Männern? Ganz einfach: Die Rollen vertauschen sich zusehends. Diese Entwicklung lässt Frauen immer mehr innerlich verhärten – und Männer verweichlichen. Also lasst uns die *positiven Seiten* unseres inneren Kriegers wieder schulen und kultivieren, liebe hochsensible Männer. Nur im Einklang mit unserer archaischen Seite können wir unsere männlichen Qualitäten voll entfalten. Sie ist Teil unserer Seele. In Verbindung mit dem Herzen wird aus dem egoistischen und machtbewussten Krieger ein sanfter Krieger, der zum Wohle und Schutze aller kämpft – für die Familie, die Gemeinschaft oder eine größere Sache.

Unsere archaische Männlichkeit ist impulsiv, spontan, kraftvoll, roh, natürlich, dynamisch, entschieden. Die archaische Seite begegnet uns bei starker sexueller Erregung. Oder bei einem sportlichen Wettkampf wie Fußball oder Kampfsport. In lebensbedrohlichen Situationen reagieren wir eher instinktiv als rational überlegt oder kontrolliert. Auch hier tritt unsere archaische Seite in Erscheinung. Denn es geht um Leben oder Tod, Kampf oder Flucht, wie vor Tausenden von Jahren bei der Jagd und bei existenziellen Auseinandersetzungen. Aus meiner Sicht heraus haben nur wenige Männer heutzutage ihre archaische Männlichkeit vollkommen integriert. Die, die es geschafft haben, zeichnen sich durch eine große Schaffens- und Willenskraft aus. Sie sind durchsetzungsstark, selbstbewusst und zielgerichtet. Sie strahlen eine starke körperliche Präsenz aus. Doch leider ist es so, dass viele (hochsensiblen) Männer ihre archaische Seite wie ein wildes Tier im Zaum halten. Es brüllt zwar manchmal ziemlich laut, doch insgesamt wird es ruhig und klein an der kurzen Leine gehalten. Wir fürchten uns regelrecht vor seiner Kraft und Intensität. Wir befürchten, so ein primitiver und brutaler Jäger und Krieger zu werden. Wir sehen nur das dahinter liegende

Gewaltpotenzial, die rohe, unkontrollierte Kraft. Nicht auszumalen, was passieren würde, wenn wir diesem wilden Tier freien Lauf lassen würden.

Diese Sorge ist durchaus berechtigt! Erst recht, wenn wir seit Jahren mit dieser unterdrückten Kraft das erste Mal wieder in Berührung kommen. Deshalb sollte solch eine Kraft auch nur in einem geschützten Rahmen und unter erfahrener Anleitung ausgelebt werden. Die Unterdrückung der wilden Kraft, dieses Fristen im Schattendasein unserer Seele macht diese Kraft so gefährlich – wie bei vielen anderen verdrängten Anteilen auch. Die Angst vor der entfesselten Kraft schneidet viele Männer von ihrer vollständigen Männlichkeit ab.

Ja! Ich durfte es beim Intensivseminar *Die Heldenreise* selbst erleben. Es hat zunächst einmal etwas Bedrohliches, wenn wir mit unserer archaischen Männlichkeit in Berührung kommen. Vor allem, wenn es das erste Mal im Leben ist. Hier steckt Wut, Kraft und etwas Unkontrolliertes drin. Das ist auch der Sinn und Zweck dieses alten, archaischen Anteils in uns. Deshalb ist es enorm wichtig, von erfahrenen Männern dabei begleitet und angeleitet zu werden. Doch wenn wir den Mut aufbringen, uns diesem Potenzial zu stellen, die impulsive Kraft zu spüren, werden wir reich belohnt werden. Es stellt sich ein ganz neues Gefühl von Mann-Sein ein. Etwas Wärmendes, Zentrierendes und Lebendiges durchströmte meinen Körper und meine Seele. Ich spürte das Blut in meinen Adern fließen, meinen Herzschlag und gleichzeitig eine nie dagewesene innere Ruhe. Ich war präsent, hier im Moment, durchströmt von einer ungeheuren Lebendigkeit. Schwer in Worte zu fassen. Was ich auf der Heldenreise erlebte, war sicherlich nur ein Anfang – ein erstes Erwachen dieser Kraft.

Umgelegt auf das *Vier-Quadranten-Modell*, stellt sich die archaische Seite unserer Männlichkeit ganz praktisch in folgenden Bereichen dar:

	Innen	*Außen*
individuell	**„ICH-Raum"** *subjektiv & intentional* Selbstreflexion: die Angst vor der eigenen Kraft anerkennen, alte Glaubenssätze auflösen Schattenarbeit: vom bedrohlichen Gewaltpotenzial zu purer Lebenskraft und sexueller Integrität Potenzialentfaltung: der eigenen archaischen Kraft vertrauen, Präsenz und Kreativität stärken	**„ES-Raum" (singular)** *objektiv & empirisch* Wissen: Kennenlernen von Aggressionsmodellen Körper: Kraft erwecken durch körperlichen Wettkampf bis an die Leistungsgrenze Verhalten: Von einem (selbst-) destruktiven zu einem kraftvollen, lebensbejahenden Verhalten

kollektiv	**„WIR-Raum“** *kulturell & intersubjektiv* Tabus lüften: Den „wilden Mann“ und den „Krieger“ erwecken Schattenarbeit: das kulturelle Erbe männlicher Gewalt in uns aufarbeiten Beziehungen: Verantwortung und Fürsorge mit innerer Freiheit verbinden	**„ES-Raum“ (plural)** *sozial & systemisch* Rollenzwänge: Entfremdenden Alltagsstrukturen eine präsente Alternative entgegen stellen Soziales Umfeld: Vorbild für eine gewaltfreie, innenverbundene, kraftvolle Männlichkeit sein. Globus: Naturverbundenheit herstellen, sich für den Schutz der Erde einsetzen

Anknüpfungspunkte zum Erreichen unseres archaischen Potenzials (Quelle:männlichkeit-leben.com/vier-quadranten-modell)

Ich hoffe, ich konnte dir mit diesem Kapitel aufzeigen, dass es sich für uns Männer lohnt, uns mit unserer archaischen Seite von Männlichkeit neu zu beschäftigen. Im letzten Kapitel verbinden wir die positiven Seiten des inneren Kriegers mit den lebensunterstützenden und fürsorglichen Seiten unserer Sensibilität, um zu Werten wie Aufrichtigkeit, Stärke, Treue und Führung zu gelangen. Und um schließlich diese positiven Qualitäten in dem neuen Typus eines sanften Kriegers zu überführen.

Doch zuvor schauen wir uns noch zwei weitere Aspekte einer ganzheitlichen Männlichkeit an, die eng mit unserer kraftvollen und archaischen Seite in Verbindung stehen: Initiationen und eine Lebensvision.

Kapitel 18

Männerinitiationen

Unter der Augenbinde spüre ich die Feuchtigkeit meines Schweißes. Musik hämmert lautstark aus den Boxen. Noch vor einigen Minuten lag ich weinend und zusammenge-krümmt auf der Matratze. Mein Körper bebte von den Wellen der Trauer und des Schmerzes. Nicht eines körperlichen, sondern eines seelischen Schmerzes. Doch seit einigen Minuten verändert sich etwas. Ich atme noch einige Male tief aus und ein. Mein Körper bäumt sich auf. Wellenartig bewege ich meinen Oberkörper auf und ab. Immer schneller werden die Bewegungen - bis es geschieht: Ein letztes Aufbäumen. In einer ruckartigen und intuitiven Bewegung reiße ich den Brustkorb zurück, breite die Arme aus und schreie es heraus: Ahhhhhh! Ein Schrei aus einer bis dato nie erlebten Tiefe meines Körpers. In diesem Schrei verbindet sich jahrelang gestaute Wut, Kraft, Trauer und Zorn. Danach lasse ich mich wieder auf die Matratze fallen –

um anschließend eine Klarheit und Präsenz zu spüren, wie noch nie in meinem Leben.

Mit dieser kurzen Schilderung eines Erlebnisses aus meiner Heldenreise begehe ich ein kleines Sakrileg. Die *Heldenreise* nach Paul Rebillot ist eine Art Initiation, wenn auch nicht ausschließlich für Männer. Ein wesentlicher Aspekt von Initiationen ist, dass in der Regel über das Erlebte nicht gesprochen wird. Es bleibt geheim und nur unter den Teilnehmern. Trotzdem wollte ich dir einen kleinen Eindruck vermitteln, was du auf einer Initiation erleben kannst.

Initiationen gibt es seit Jahrhunderten. In früheren Kulturen, und zum Teil noch heute bei einigen Naturvölkern, wurden sie regelmäßig praktiziert. Initiationen sind Übergangsrituale von einer Lebensphase in die nächste. In ihnen liegt eine enorme Kraft. Sie eröffnen neue Horizonte und Seinsebenen. Von den Teilnehmern werden sie oft als eines der Highlights in ihrem Leben angesehen. Ein Erlebnis, das prägt und anhält. Dies kann ich nur bestätigen. In früheren Kulturen war es selbstverständlich, dass in der Pubertät der Übergang von einem Jungen zu einem Mann durch ein Ritual initiiert wurde. Der Heranwachsende wurde dadurch in den Kreis der Männer aufgenommen. Doch solche Initiationsriten sind nicht ohne. Sie sind riskant, anstrengend und unbequem. Oftmals muss man Angst, Schmerz, Hunger und Einsamkeit erleiden. Die Riten erwecken dich als Mann, schütteln dich durch und spornen dich zu neuen Höchstleistungen an. Eine Initiation wird dich ganz sicherlich als Mann nachhaltig prägen und du wirst so manche Herausforderungen in deinem Leben souveräner und mutiger angehen. Initiationen finden meist in Gruppen statt, aber nicht nur. Es gibt viele traditionelle und spirituelle Initiationsriten aus allen Kulturen der Welt. Sie dienten der Vorbereitung auf die Jagd, die Ehe oder einen Kampf, zuletzt den Tod. Glücklicherweise brauchen wir uns heute nicht mehr in dem Maße auf eine Ehe oder einen Krieg vorbereiten wie noch vor einigen Jahrhunderten.

Gerade für uns hochsensible Männer kann sich meines Erachtens eine Initiation als sehr lohnenswert erweisen. Weil du bei jedem Initiationsritual intensiv gefordert wirst und deinen Mut, deine Kraft und deine Ausdauer beweisen musst, kannst du dadurch sehr leicht mit deiner archaischen Männlichkeit in Berührung kommen. Du wirst ganz auf dich selbst zurückgeworfen. Keine Frau, kein Mann wird dir dabei helfen!

Eine Initiation kann dir als Mann bei einer Visionsfindung oder einer gravierenden Lebensentscheidung helfen. Im Westen wurde in den letzten Jahren der *VisionQuest* bekannt, ein Initiationsritus der nordamerikanischen Indianer. Dabei befindest du dich 4 Tage und Nächte alleine, fastend und nur mit dem Nötigsten ausgerüstet in der Natur, um dir selbst und deiner Lebensvision zu begegnen. Weitere bekannte Rituale sind das *Schwitzhüttenritual*, das *Initiationswochenende des Man-Kind-Project* (nur für Männer!) und die erwähnte *Heldenreise nach Paul Rebillot.* (weiterführende Informationen im Anhang). Ich selbst möchte in den nächsten ein bis zwei Jahren weitere Initiationsriten durchlaufen, um weiter meine Männlichkeit und mein Sein zu erforschen und freizulegen.

Fünf Phasen einer Initiation

Die meisten Initiationsriten laufen nach einem ähnlichen Schema ab und unterteilen sich in fünf

Phasen: Trennung, Vorbereitung, Prüfung, Integration und Rückkehr.

1. **Trennung vom Alltag**
   Nur wenn man seine Komfortzone verlässt, kann etwas Neues entstehen. Der Rückzug vom Alltag und Gewohnten soll eine Trennung von Vertrautem und Normalem schaffen. Daher finden Initiationen meist an abgelegenen Orten in der Natur statt, fern ab von jeglicher Ablenkung und Störung.

2. **Vorbereitung**
   In der Vorbereitungszeit wird der Teilnehmer unter der Anleitung von erfahrenen Mentoren intensiv auf die bevorstehende Prüfung vorbereitet. Bei Naturvölkern wurden die Jungen von maskierten Männern dem Schoß der Mutter entrissen und in die Wildnis verschleppt. Fernab von der Fürsorge der Mutter lernten sie eine neue Art von Geborgenheit und Zuwendung in der Gemeinschaft von Männern kennen. Dazu gehörten auch Themen wie Männer-Freundschaften, Konkurrenz und Reibungen.

3. **Die Prüfung**
   Die eigentliche Initiation beinhaltet meist eine Prüfung, bei der man(n) natürlich auch scheitern kann. Solch eine Prüfung kann vom Jagen eines wilden Tieres, dem Erforschen der eigenen Gefühle bis zu einem Bungee-Sprung reichen. Ein gewisses Risiko gehört dazu, sonst wäre es ja keine Prüfung. Durch die intensive Vorbereitung hat sich meist ein Vertrauen in die erfahrenen Leiter aufgebaut. Entweder verläuft die Prüfung nach streng festgelegten Regeln und Strukturen, oder man ist, wie beim *VisionQuest*, vier Tage ganz auf sich alleine gestellt, und vertraut ganz auf seine eigenen Fähigkeiten und den Umgang mit seinen Gefühlen.

4. **Integration**
   Wenn die Prüfung beendet ist, erst recht, wenn man scheiterte, wird das Erlebte mit Hilfe der Mentoren und Leiter reflektiert, verarbeitet und integriert. Daraus kann dann ein echtes Referenzerlebnis fürs Leben werden. Je nach Initiation kann auch eine neue Vision oder Entscheidung entstanden sein, die in der Phase der

Integration im Kreise der Männer und Leiter besprochen und reflektiert wird, um sie nach der Rückkehr im Alltag umzusetzen.

5. **Rückkehr**
   Nun ist der Teilnehmer bereit, mit dem Erlebten aus seiner Initiation in sein gewohntes Leben zurückzukehren. Die Erfahrungen, Visionen oder Entscheidungen werden angemessen in die Tat umgesetzt – auf sein Leben abgestimmt. Mitunter können solche Entscheidungen lebensverändernd sein. In den alten Kulturen nahm beispielsweise der Jugendliche nach seiner Rückkehr in der Gemeinschaft eine neue Stellung als Mann ein. Er musste nun Verantwortung und Pflichten in der Gemeinschaft übernehmen, besaß aber gleichzeitig auch mehr Rechte und einen neuen Status. Allen Initiationsriten ist gemeinsam, dass sich nach der Rückkehr etwas Sichtbares im Leben des Teilnehmers verändert, egal ob im Großen oder Kleinen.

Gerade Heranwachsenden fehlen heutzutage tragfähige Initiationsrituale, die einen Jungen ins Mann-Sein einführen, damit er seine Rolle und seinen Platz in der Männerwelt findet. Die große Verunsicherung von Männern ist teilweise auf fehlende Initiationen zurückzuführen.

Kapitel 19

Eine Vision im Leben: Warum sie für uns Männer so wichtig ist

Meine Geschichte

Was irrte ich in meinem Leben umher! Wenn ich das gerade noch einmal Revue passieren lasse, wird mir erst die ganze Trageweite meiner jahrelangen Orientierungslosigkeit bewusst. Sehr ausgeprägt war diese am Ende meiner beruflichen Auszeit im Jahr 2012. Vor der Auszeit verlief mein Leben in relativ geordneten Bahnen. Ich hatte zwei abgeschlossene Ausbildungen in der Tasche, war einige Jahre im selbstständigen Außendienst tätig gewesen und bis zum Beginn meiner Auszeit im Jahr 2009 im Angestelltenverhältnis einer Krankenkasse. Ich hatte monatlich mein Geld, meine 40-Stunden-Woche und 30 Tage Jahresurlaub. Ein bürgerliches und materiell abgesichertes Leben, wie bei so vielen anderen auch. Alles in Ordnung – so zumindest hätte man es von außen sehen können. Doch unter dieser bürgerlichen Oberfläche brodelte es bei mir schon seit Jahren. Ein nagendes Gefühl, wie ein Splitter im Kopf, dass dies noch nicht alles gewesen sein konnte. Dass dieses geregelte und vorgezeichnete Leben mich nicht wirklich zufrieden stellt, nicht meinen Werten und Vorstellungen von einem erfüllten und einmaligen Leben entspricht.

Eine echte Vision hatte ich zu dieser Zeit noch nicht, aber ein großes Unbehagen mit dieser bürgerlichen Version von Leben und all den aufgesetzten Gesprächen, Konventionen und Erwartungen. All dies ließ mich nach meiner Rückkehr vom Jakobsweg im Jahr 2009 meinen gesamten Mut zusammennehmen und den Absprung wagen. Ich folgte einem nicht näher definierbaren inneren Ruf und ließ dafür alle materiellen, finanziellen und vernünftigen Argumente hinter mir. Hätte ich das nicht getan und den inneren wie äußeren Zweiflern zu viel Beachtung geschenkt, hätte ich womöglich nie den verwegenen Mut aufgebracht, eine unbefristete Stelle, eine festen Wohnsitz und den Finanzierungsplan für mein Auto zu kündigen. In der anschließenden Auszeit hatte ich genügend Zeit, mich mit mir zu beschäftigen und mich endlich auf die Suche nach einer Mission und Vision für mein Leben zu machen. Mit Anfang 30 war das schon längst überfällig. Doch sie blieb aus. Klar, ich erlebte viel auf meinen Reisen, begegnete vielen interessanten Menschen aus der ganzen Welt, lernte mich in Extremsituationen besser kennen, stellte mich einigen meiner tiefsten Ängste (Hunde!) und Zweifeln (bringe ich es zu etwas?) und gewann am Ende dieser Zeit ein tiefes Urvertrauen in das Leben zurück. Ich hatte schon eine Ahnung davon, dass mir das Schreiben oder allgemein der Umgang mit Sprache sehr viel Spaß machte, ich vielleicht sogar ein gewisses Talent dafür besitze. Nach meiner Rückkehr ins bürgerliche Leben im Mai 2012 nannte ich mich in den ersten Monaten sogar freier Autor. Doch mir fehlte die entscheidende Idee, über was ich schreiben sollte, was wirklich tief aus meinem Inneren kommt und nicht nur ein Strohfeuer bleibt. Das Einzige, was ich wirklich wusste, war die Entscheidung, nicht mehr in einen geregelten 40-Stunden-Büro-Job zurückzugehen.

Während meiner letzten Radreise von Frankfurt nach Korfu hatte ich die Idee entwickelt, ein „normales" Leben mit einem Leben als freier Autor zu verbinden. Um mir dadurch nebenher meine Vision aufzubauen. Außerdem wollte ich weder unter der Brücke schlafen noch von Vater Staat leben. Mein ohnehin abgespeckter Lebensstandard musste anderweitig finanziert werden. So hielt ich Ausschau nach Aushilfs- und Gelegenheitsjobs auf Teilzeitbasis, die man ohne Vorkenntnisse ausüben konnte und die dementsprechend dürftig bezahlt wurden. Aber ich brauchte ja nicht viel zum Leben, sagte ich mir. Zunächst ging ich meiner sozialen Ader nach und wurde Pflegeassistent für einen querschnittsgelähmten Mann in meinem Alter. Zwei bis drei Mal die Woche brauchte ich nur zu kommen, das hörte sich zunächst einmal nach einer guten Verbindung von finanzieller Absicherung und dem Aufbau meiner Vision an. Doch es kam ganz anders (wie so oft). Nach sechs Monaten, zum Ende der Probezeit, wurde ich aufgrund von zwischenmenschlichen Differenzen gekündigt.

Um unmittelbar in meine erste von vielen weiteren Sinnkrisen zu stürzen.

Die Absicht, mir nebenher ein Autorendasein aufzubauen, hatte ich schon einige Wochen vorher begraben. So einfach war es nämlich nicht in Verbindung mit dem Teilzeitjob, abgesehen von dem wenigen Geld. Ich nahm gedanklich zu vieles von der Arbeit mit nach Hause, konnte nicht abschalten und mich nicht abgrenzen. Das Entscheidende war aber, dass mir die Inspiration zum Schreiben fehlte – der notwendige Elan und das Feuer für etwas. Ein E-Book über meine Radreise? Oder doch lieber als freier Journalist bei der ansässigen Lokalzeitung? Dort nachfragen? Alles war ziemlich unausgegoren und unstrukturiert. Zudem wurde mir durch den Austausch mit einem befreundeten Autor ziemlich bewusst, dass es Jahre dauern kann, bis ich ausschließlich vom Autorendasein würde leben können (wenn überhaupt).

Da saß ich nun in meiner kleinen 1-Zimmer-Dachgeschoss-Wohnung in meiner neuen Wahlheimat in Franken. Keine Perspektive, wenig Geld und kein neuer Job in Aussicht. Beziehungstechnisch sah es nicht viel besser aus. Hatte ich mir so mein erfülltes und selbstbestimmtes Leben vorgestellt? Wo war der ganze Elan geblieben? Wo das Vertrauen und die Zuversicht von den Reisen? Die folgenden zwei Jahre flatterte ich wie ein Blatt im Wind umher. Ohne Richtung, ohne Ziel. Ich gab nicht nur die Idee, freier Autor zu werden, sondern auch mich selbst auf. Mit meiner Sprache und meinem Schreiben andere inspirieren und irgendwann damit Geld verdienen zu wollen was für eine Schnapsidee. Mein Leben selbst in die Hand zu nehmen, etwas zu finden, was mir liegt, aus mir heraus brennt, mir Freude bereitet, nie war ich weiter davon entfernt als in diesen zwei Jahren. Mach dein Ding, den Schlachtruf meiner Generation, den ich im Netz überall las, empfand ich nur noch als Hohn und Spott.

Es folgte ein Gelegenheitsjob nach dem anderen, Briefträger, Taxifahrer, und jeder ödete mich mehr an. Vor allem die Gespräche mit den Kollegen, bei denen ich immer wieder den himmelweiten Unterschied zwischen uns in den Anschauungen und Werten feststellen konnte. Doch, was beschwerte ich mich, das hast du dir selbst zuzuschreiben, flüsterte mir eine innere Stimme ein. Ich war ohne Perspektive, ohne Sinn und ohne Ziel im Leben. Seinen Job machen, nicht viel nachdenken oder hinterfragen, schuften, Mund halten. Diese berufliche Lethargie zog sich bis zum Sommer 2014 hin. Da war ich mal wieder arbeitslos, ein weiterer Gelegenheitsjob hatte sich erledigt.

Dafür hatte ich aber eine neue Freundin. Die dann nach zwei Monaten mit mir Schluss machte. Nun wurde aus der schleichenden Sinnkrise der letzten zwei Jahre eine existenzielle. Ich kam in Berührung mit altem emotionalem Schmerz und stellte mich vor allem als Mann komplett in Frage. Ich empfand mich als unmännlich, nicht durchsetzungsstark, bedürftig, abhängig von den Urteilen und Meinungen einer Frau. Eher wie ein großer Junge als wie ein Mann. Nun konnte ich nicht mehr vor mir selbst fliehen, musste mich stellen. Diese Lebensphase war so existenziell, dass ich mich mit mir und meinem Inneren beschäftigten musste – sonst hätten es irgendwann Psychiater in geschlossenen Räumen getan. Ich surfte viel im Internet, eher planlos und aus Zeitvertreib, und stieß auf den Begriff Hochsensibilität. Vor Jahren schon einmal gehört, dem aber nie nähere Beachtung geschenkt. Nun tat ich es und klickte mich durch diverse Online-Tests. Einige Tage später lag das Buch *Zartbesaitet* von Georg Parlow auf meinem Küchentisch.

Der Rest ist Geschichte – meine Geschichte. Im Herbst 2014 meldete ich mich für einen Online-Kurs an, in dem zwei erfahrene Blogger ihr ganzes Wissen weitergeben. Eine genaue Anleitung, wie man sich einen professionellen Blog aufbaut und irgendwann damit sogar Einnahmen generieren kann. Im April 2015 eröffnete ich meinen Blog www.simplyfeelit.de. Und heute, im März 2016, schreibe ich an den letzten Seiten dieses Buchs über Männlichkeit und Hochsensibilität. Im Dezember 2015 habe ich mich mit Hilfe eines Existenzgründerzuschusses als Autor, Texter und Blogger selbstständig gemacht. Und befinde mich nun in der Aufbauphase meines Business.

Wenn mir dies alles noch vor einem Jahr jemand vorausgesagt hätte, hätte ich ihn für vollkommen verrückt erklärt. Es scheint so, als hätte ich nach den Jahren des Suchens und Zweifelns endlich so etwas wie eine Mission in meinem Leben gefunden. Etwas, was mir Freude bereitet, bei dem ich aus eigener Erfahrung berichten kann und viel Herzblut mit rein fließt. Etwas, wodurch ich für meine Leser einen Mehrwert generiere. Seitdem ich diese Mission lebe, öffnen sich regelmäßig neue Türen und Möglichkeiten. Ich ertappe mich immer wieder dabei, wie ich nur noch staunend da stehe. Natürlich, mein Leben ist deshalb kein Ponyhof geworden. Nach wie vor gibt es gelegentliche Zweifel, Rückschritte, finanzielle Engpässe und zwischenmenschliche Spannungen. Es ist verdammt harte Arbeit, sich etwas aufzubauen, was tragfähig ist. Aber der rote Faden, die Richtung, ist jetzt da. Diese Richtung, vielleicht ähnlich einem Kompass, leitet mich durch all die unruhigen Gewässer hindurch.

Du brauchst eine Vision im Leben!

Das ist meine Geschichte bis zum heutigen Tag. Und warum habe ich sie dir an dieser Stelle so ausführlich erzählt? Ganz einfach: Um dir zu zeigen, wie wichtig eine Vision im Leben eines Mannes ist. Du brauchst eine Vision in deinem Leben. Eine Richtung. Wenn du diese Vision gefunden hast, wirst du eine ganz neue Kraft in dir spüren, die dich wie ein Magnet nach vorne zieht. Wie bei mir seit April 2015. Grundsätzlich brauchen wir alle eine Vision im Leben, egal ob Mann oder Frau, doch glaube ich, dass es für uns Männer noch einmal einen höheren Stellenwert hat. Gerade für hochsensible Männer, da wir doch oft sehr verunsichert sind, was wir mit unserem feinfühligen Potenzial in einer leistungsorientierten und gefühlskalten Gesellschaft anfangen sollen. Fehlt dir diese Vision, treibst du orientierungslos durchs Leben – so wie ich jahrelang. Heute würde ich meine Vision so definieren, dass ich durch meine Texte und

Beiträge Männer wie Frauen dabei helfen möchte, ihre sensible Seite und ihre Mission im Leben zu entdecken, um diese dann mit Mut und Selbstvertrauen in die Gesellschaft zu tragen. Ich möchte meine gemachten Erfahrungen der letzten Jahre mit dir teilen, damit du dir vielleicht den einen oder anderen Umweg sparen kannst. Das Schreiben darüber bereitet mir Freude und gibt mir einen gewissen Sinn.

Wenn wir nicht wissen, wohin unser Lebensweg gehen soll, dann wissen es andere! Dann nehmen uns die Eltern, der Arbeitsvermittler oder die Familie diese Entscheidung ab. Wir sind dann nicht mehr Schöpfer unseres Lebens, sondern Fremdgesteuerte und Ausgelieferte. Ich kenne es ja zu gut aus den vergangenen Jahren. Gerade wir Männer brauchen eine Lebensvision, eine, für die es sich lohnt zu kämpfen, zu arbeiten und zu leben. Mit der du etwas in die Welt bringst, deinen ganz persönlichen Beitrag entsprechend deiner Talente und Fähigkeiten. Und davon haben wir hochsensiblen Männer mehr als die meisten annehmen. Die Vision kommt aus dem Archetyp des Magiers. Sie gibt uns Kraft und Orientierung. Eine Vision sollte nicht nur einem selbst dienen, sondern der Allgemeinheit und etwas Größerem. Deine Vision sollte etwas sein, an das du wirklich glaubst und das dir vor allem über einen längeren Zeitraum Freude bereitet. Du kannst sie nur alleine finden, wenngleich du dich natürlich beraten lassen kannst. Die Lebensvision musst du nicht zwangsläufig in einem beruflichen Projekt finden – es kann zum Beispiel auch eine Familiengründung oder ein spiritueller Weg sein.

Das Auffinden und Leben deiner Lebensvision verleiht dir als Mann eine ganz neue Spannkraft und Ausstrahlung. Ein Mann mit Vision hat mehr Entscheidungsfreude, Mut und Erfolg. Er glaubt an sich und seinen Weg und lässt sich nicht mehr so leicht verunsichern und beeinflussen. Als positiver Nebeneffekt wird er auch mehr Erfolg bei Frauen haben, weil eine Frau sofort spürt, wenn in einem Mann ein Feuer brennt – wenn er weiß, was er will und wohin er geht. Eine Lebensvision macht sexy!

Kapitel 20

Der sanfte Krieger

Unsere gemeinsame Reise nähert sich nun langsam dem Ende. Im ersten Teil habe ich versucht aufzuzeigen, wie unzulänglich und problematisch es ist, unser männliches Identitätsgefühl an unseren Genen und urzeitlichen Prägungen festzumachen. Vielmehr unterliegt unser Identitätsgefühl kulturellen und gesellschaftlichen Vorstellungen und Konditionierungen. Daraus folgend habe ich im Weiteren versucht, die Stellung des Mannes in unserer heutigen Gesellschaft zu verorten – wie sich die klassischen Rollenbilder immer mehr auflösen und was das vor allem für uns hochsensible Männer bedeutet.

Im zweiten Teil habe ich mich ganz den Qualitäten und Eigenarten einer hochsensiblen Männlichkeit zugewandt. Was bedeutet es, als Mann hochsensibel zu sein? Was bedeutet Freundschaft und Beziehung für uns? Und welche Impulse und Werte können wir aufgrund unseres feinfühligen Potenzials in die Gesellschaft einbringen?

Teil drei war ganz dem Thema einer konstruktiven Aggression gewidmet. Warum Aggression heutzutage fast immer mit Gewalt gleichgesetzt wird, und warum Gewalt in der öffentlichen Wahrnehmung nahezu immer Männern zugeschrieben wird. Ich halte das Thema einer kultiviert ausgelebten Aggression gerade für uns hochsensiblen Männer für sehr elementar. Deshalb habe ich im dritten Teil nach den Ursachen einer allgemein verbreiteten Ablehnung von Aggression gesucht, sehr genau zwischen Aggression und Gewalt differenziert und einige Empfehlungen gegeben, wie wir unsere Aggression in kultivierter Art und Weise fördern und ausleben können.

Im vierten und letzten Teil des Buches ging es schließlich darum, eine Integration der sensiblen und archaischen Seite von Männlichkeit herbeizuführen. Zunächst habe ich das theoretische Konzept hinter meinem ganzheitlichen Ansatz dargelegt, skizzierte noch einmal sehr ausführlich die Eigenschaften der sensiblen und archaischen Seite unserer Männlichkeit und versuchte die immense Bedeutung von Männerinititationen und einer Vision im Leben aufzuzeigen. In diesem letzten Kapitel geht es nun darum, aus all dem Zusammengetragenen eine

Synthese herzustellen, getreu dem Motto aus der Integralen Theorie nach Ken Wilber, also im Sinne „einer Einheit in der Vielfalt, in der man Gemeinsamkeiten zusammen mit unseren wundervollen Unterschieden genießen kann." Ich strebe an, die sensible und die archaische Seite unserer Männlichkeit, die Polaritäten unseres Mann-Seins zu vernetzen und letztlich zu integrieren. Sodass uns beide Seiten uneigeschränkt als Handlungsoptionen in unserem Leben zur Verfügung stehen.

Der dunklen Seite begegnen

Du magst dich vielleicht gerade fragen: Schön und gut. Aber wie mache ich das? Die Antwort: Indem du den Zugang zu den beiden wichtigen Polen deiner Männlichkeit freilegst: dem archaischen und dem sensiblen Pol. Beide bedingen sich gegenseitig und beide sind gleich wichtig. Weder die eine noch die andere Seite sollte überhöht werden. Umgekehrt sollte weder die eine noch die andere Seite abgelehnt oder verdrängt werden. Die verdrängte Seite wäre dann nicht weg, sondern verschwindet lediglich im *Schatten*, im Dunklen – um sich daraus unkontrolliert und unbewusst immer wieder zu melden. Aus diesem Schatten entstehen die klassischen Projektionen nach außen und auf andere: „Schau dir nur diese primitiven und gehirnamputierten Machos an. Sowas von ungehobelt und niveaulos. So will ich nie werden." Das war mein Leitmotiv und innerer Anspruch der letzten Jahre. Ich fühlte mich als sensibler Mann emotional und intellektuell diesen „primitiven und gehirnlosen" Männern überlegen. Heute weiß ich, dass sich hier mein Schatten gemeldet hat. Durch die Ablehnung meiner archaischen und kraftvollen Seite sah ich nur die negativen Aspekte dieser Seite von Männlichkeit. Und fürchtete mich auch ein wenig vor diesem Potenzial. Umgekehrt wurde ich natürlich von solchen „ungehobelten" Männern als Weichei und Warmduscher betitelt, „als *Softie*, der zu weich und sensibel ist, der eben überhaupt kein richtiger Mann ist." Ebenfalls eine Schattenprojektion, diesmal vonseiten der kraftvollen und harten Männern (Machos), die ihre gefühlvolle und weiche Seite komplett ablehnen und verbannen. Wahrscheinlich fürchten auch sie, von der dunklen Seite überrannt zu werden und davor, dass ihre verborgenen tiefen Gefühlen unkontrolliert über sie hereinbrechen.

Für beide Fälle gibt es ein adäquates Gegenmittel: die positiven Anteile der jeweils abgelehnten Seite anzuerkennen. Um beispielsweise unser Aggressionspotenzial nicht eskalieren zu lassen, sondern in Form von kultivierter Aggression bei alltäglichen Konflikten einzusetzen, benötigen wir Selbstbeherrschung, Achtsamkeit und Einfühlungsvermögen. Auf der anderen Seite hilft uns die zentrierende Kraft unserer archaischen Seite gegen Realitätsverlust, Passivität und Orientierungslosigkeit – und einer zu großen Abhängigkeit von Frauen. Es geht also darum, eine gute Balance zwischen beiden Anteilen zu finden.

Eine gezielte Schattenarbeit hat viel mit dem Aufarbeiten der eigenen Biographie zu tun. Wie wir gesehen haben, haben gerade wir Männer in Deutschland zudem mit einem *kollektiven* Schatten aus unserer politischen Vergangenheit zu kämpfen. Mit unserem kulturellen und geschichtlichen Erbe. Wir fürchten uns davor, wieder in solche barbarischen Gewaltexzesse wie im 20. Jahrhundert zurückzufallen. Wir tragen dieses unbewusste Erbe weiter in uns. Auf der anderen Seite geht es um die Erforschung dessen, warum viele Männer ihre sensible und weiche Seite so ablehnen? Was hat dies mit unserer eigenen Vergangenheit zu tun? Mit unserer Mutter? Mit unserem Vater? Mit unseren ersten Bezugspersonen? Mit verinnerlichten Glaubenssätzen und Verhaltensmustern? Mit unserem eigenen Verhalten? All diese Aspekte spielen bei einer Schattenarbeit eine wichtige Rolle.

Wenn wir so an unsere Vergangenheit und unsere unbewussten Anteile herangehen, können wir unsere archaische und sensible Männlichkeit immer mehr integrieren. Beide Seiten werden sich gegenseitig immer mehr begegnen, wir lernen, diese scheinbaren Widersprüche immer besser zusammenzuführen und in der Gesamtheit für uns einzusetzen. Um eines Tages zu einer neuen Qualität von Mann-Sein zu gelangen: einer ganzheitlichen Männlichkeit.

Den Krieger erwecken

Ganzheitliche Männlichkeit heißt nichts anderes, als alle Qualitäten und Facetten aus unseren beiden Anteilen als Handlungsmöglichkeiten zur Verfügung zu haben. Für die meisten hochsensiblen Männer liegt die Aufgabe darin, den sanften Krieger in sich zu erwecken und zu trainieren. Er wird dir dabei helfen, wachsamer, entschiedener und willensstärker durchs Leben zu gehen. Er macht dich unabhängiger von den Entscheidungen und Meinungen anderer – auch von Frauen. Du traust dich mehr, dich Konflikten und Auseinandersetzung zu stellen, ja, diese auch einmal auszuhalten und nicht gleich aus Harmoniegründen und aus Angst vor Ablehnung „klein beizugeben". Wenn du dich weiterhin darin übst, sowohl deine weiche als auch deine kraftvolle Seite als Optionen zur Verfügung zu haben, wird sich dein soziales Umfeld verändern. Die neue Kraft und Präsenz, die du von nun an ausstrahlst, wird deiner Partnerin, deinen Freunden und Arbeitskollegen nicht lange verborgen bleiben. Sie spüren es, sie sehen es an der Klarheit und der Ausstrahlung deiner Augen.

Du kämpfst nun mit Stärke und Fairness für Sachen, die dir am Herzen liegen. Du sagst weniger „mal schauen" oder „weiß noch nicht", sondern äußerst ein klares Ja oder Nein. Gegenüber anderen Männern, gegenüber Frauen, gegenüber deinem Chef, gegenüber deiner Partnerin. Du weißt, was du willst und gleichzeitig hast du jetzt den Mut, auch einmal eine Fehlentscheidung zu riskieren. Du hast den tiefen Glauben verinnerlicht, aus all diesen Erfahrungen etwas lernen zu können. Durch den Zugang zu deiner sensiblen und tiefgründigen Seite hast du die einmalige Chance des Lebens begriffen. Gleichzeitig die Begrenztheit des Lebens, dessen Endlichkeit. Dadurch gewinnst du eine gewisse Gelassenheit, eine Furchtlosigkeit – vielleicht sogar vor dem Tod. Du möchtest etwas erleben in dieser begrenzten Zeit, du möchtest das Leben genießen und vor allem möchtest du dein ureigenes Leben leben. Nach deinen Vorstellungen und nach deinem Standard.

Du weißt, es gibt gewisse Regeln und dagegen rebellierst du nicht mehr. Irgendwann hast du erkannt, dass dies reine Energieverschwendung ist. Du siehst, dass es aber im Rahmen der Regeln Gestaltungsfreiräume gibt. Du hast gewisse Verpflichtungen und auch diese akzeptierst du. Ein sanfter Krieger setzt seine Energie und seine Kraft nicht dafür ein, ständig mit dem Kopf gegen eine Wand zu rennen. Er setzt sie gezielt und bewusst da ein, wo er etwas verändern kann, und akzeptiert gleichzeitig Niederlagen, Grenzen, Regeln und Verpflichtungen. Er ist stolz auf das, was er gestalten und leisten kann. So entwickelst du eine ganz neue innere Stärke und ein ganz neues Bewusstsein über dich selbst, über dich als sensiblen und kraftvollen Mann.

Auf deinem Weg zu einem sanften Krieger unserer Zeit fragst du dich immer wieder, was du gerade fühlst. Du hast keine Angst mehr davor, von deinen Gefühlen überrannt zu werden. Du erkennst sie als elementare Kräfte im Leben eines jeden Menschen an, im Leben eines jeden Mannes. Du kompensierst immer weniger so genannte unangenehme Gefühle wie Angst, Scham, Schmerz oder Wut mit Alkohol, Zerstreuung, Sex, Sport und anderen Ablenkungen. Du lernst, diese in einer angemessenen Art und Weise und in einem gewissen Rahmen auszudrücken, zum Beispiel in einer Männergruppe, unter guten (Männer-)Freunden oder ganz alleine mit dir. Gleichzeitig lernst du, dich in deinen Gefühlen nicht mehr zu verlieren oder darin zu baden (Opferrolle). Und du suchst vor allem in solchen Momenten immer weniger Beistand und Verständnis von Frauen. Du hast erkannt, dass du dich dadurch nur immer wieder in neue Abhängigkeiten begibst. Du machst andere, die Vergangenheit, deine Eltern, die Regierung nicht mehr für das eigene Leid verantwortlich, und kommst somit aus einer lähmenden Opferhaltung heraus.

Du übernimmst Verantwortung für dich selbst, dein Leben und deine Gefühle. Du trägst die Konsequenzen für deine Entscheidungen. Du stellst dich den Wunden deiner Vergangenheit. Du stellst dich einem alten Schmerz, ob in einer Therapie, in einem Seminar oder in einer Männergruppe, um mit geöffnetem und geheiltem Herzen durchs Leben zu gehen. Du hörst auf deine Intuition und tust die Dinge, die dir Freude bereiten, die du liebst. Nachdem du die Angst, erneut verletzt zu werden, abgelegt hast, zeigst du den Menschen in deinem Umfeld, mit denen du tief verbunden bist, deine Liebe.

Die Erweckung deines Kriegers und deines Herzens und die Integration beider Pole versetzen dich in die Lage, je nach Situation, ein durchsetzungsstarker, rationaler und kühler Mann zu sein, oder eben ein sensibler, verständnisvoller und einfühlsamer. Beides ist erlaubt und beides ist völlig gleichberechtigt. Der unerschütterliche Streiter für eine Sache und der einfühlsame Familienvater, ein Mann der klaren Worte und der Chef mit Weitsicht und Empathie, der selbstbewusste und der verständnisvolle Partner, der

Liebhaber, der wild und zärtlich zugleich ist. Unser Lebens- und Identitätsgefühl als Mann bekommt eine ganz neue Grundlage und Tiefe. Wir sind nicht mehr von einem unserer Anteile und einem Teil unseres Potenzials getrennt. Wir haben nun freien Zugriff auf die verschiedenen Seiten unseres Daseins, die unser Leben in ganz unterschiedlicher Art und Weise bereichern und beschenken. Wir fühlen uns sprichwörtlich vollkommener und integrierter – jahrelang gestaute Energie ist nun freigesetzt. Dies befreit ungemein und lässt unsere Lebensfreude sukzessive steigen.

Erlaube es dir, einen Unterschied zu machen. Erlaube es dir, dich kraftvoll und empfindsam zugleich zu zeigen, es wird andere inspirieren. Erlaube es dir, echt zu sein. Auch wenn es gerade noch paradox klingen mag. Verbinde dich mit deiner sensiblen und deiner archaischen Männlichkeit. Zeige dich in deiner ganzen Persönlichkeit und mit deinem ganzen Potenzial. Erst dann bist du in deiner ganzen Kraft. Komme aus deiner Begrenzung heraus. Werde ein ganzheitlicher Mann. Traue dich, deine positive und konstruktive Aggression als Mann zu leben, damit du Rückgrat, Selbstvertrauen und Mut entwickelst – und vergiss dabei nie, dein Herz mitzunehmen. Diese Art von Mann-Sein wird für die Erhaltung unseres Planeten und unserer Nachkommen dringender gebraucht denn je. Erwecke den sanften Krieger in dir!

Schlussgedanken

Nun habe ich tatsächlich mein erstes Buch geschrieben. Und ausgerechnet ein Buch, das zu einer selbstbewussten und kraftvollen Männlichkeit führen will, einen Mutgeber für sensible Männer. Soll ich ganz ehrlich zu dir sein: So einige Leute aus meiner Vergangenheit – und aus meinem Umfeld – hätten mir das nie im Leben zugetraut! Und wenn ich noch ehrlicher bin: Bis vor Kurzem hätte ich mir solch ein Projekt selbst nicht zugetraut. Es lässt mich gerade ein wenig demütig erstaunen, was sich im letzten Jahr in meinem Leben alles getan hat. Gerade die vermeintlich unangenehmen oder schwierigen Momente, also die, die man gewöhnlich in seinem Leben nicht haben möchte, haben in mir die größten Wachstumsimpulse ausgelöst. Auch wenn es sich in Momenten des Leidens zunächst nicht so anfühlte. Der Schreibprozess der letzten drei Monate war von vielen emotionalen Aufs und Abs begleitet – und zuletzt sogar vom Beziehungsende mit meiner Freundin.

Der ewige Pendelschlag des Lebens. Wenn ich zurückblicke, konnte ich diesen Pendelschlag schon mein ganzes Leben lang wahrnehmen. Darüber hinaus scheint es im Universum eine Kraft zu geben, die jenseits dieser Bewegung wirkt und die uns trägt und in gewisser Weise auch führt. Das mag jetzt sehr esoterisch klingen. Aber überlegen wir mal: Als Mensch sind wir ein hochentwickeltes Säugetier, wir sind Teil dieser Ordnung oder Kraft, die uns umgibt und die alles entstehen lässt. Mit den Worten des weisen Yoda aus *Star Wars* gesprochen „spüre die Kraft, die dich umgibt". Ich glaube an diese Kraft. In Zeiten, in denen „Gott tot ist", in denen Transzendentes oder Übergeordnetes kaum mehr etwas gilt, sondern nur noch die Optimierung und Erhöhung des eigenen Ichs, halte ich es im Sinne der allgemeinen Psychohygiene für immens wichtig, auch mal einen Schritt zurücktreten zu können. Loslassen zu können, nicht alles lenken zu wollen, den Dingen ihren Lauf zu lassen, sich dieser besagten Kraft anzuvertrauen. Schon einige Male in meinem Leben konnte ich diese „höhere Ordnung" spüren. Und wenn wir ganz aufmerksam und wach sind, können wir diese „Ordnung" überall um uns herum beobachten.

Nach der Lektüre dieses Buches vermagst du vielleicht selbst beurteilen, ob ich meinem hehren Anspruch aus der Einleitung gerecht wurde: Ein Buch für ganze Männer und jene, die es noch werden wollen. Falls ja, lass es mich gerne wissen. Falls nicht, gerne auch. Ich hoffe, du hattest eine unterhaltsame Lektüre und konntest den einen oder anderen Impuls für dein Leben als sensibler Mann mitnehmen. Mir ist bewusst, dass das Buch einige kontroverse Themen aufgreift und ich mitunter sehr direkt und persönlich war. Aber hey! Was wäre dies für ein Mutgeber, wenn ich nicht selbst mutig vorangehen würde? Du wirst mit deiner feinfühligen Ader in dieser Welt gebraucht. Gerade als Mann!

Ich bin dankbar für all die freudigen und leidvollen Erfahrungen, die mich zu dem haben werden lassen, der ich heute bin.

> „Wir müssen lernen und die verzweifelnden Menschen lehren, dass es eigentlich nie und nimmer darauf ankommt, was wir vom Leben noch zu erwarten haben, vielmehr lediglich darauf: was das Leben von uns erwartet!“(27)
>
> *Viktor E. Frankl*

Ich wünsche dir alles Liebe und Gute!

Feedback und Kommentare sind herzlich willkommen:

Internet: www.simplyfeelit.de
Email: oliver@simplyfeelit.de
Facebook: facebook.com/simplyfeelit
Google+: simplyfeelit
Twitter: twitter.com/simplyfeelit

Danksagung

Stellvertretend für all die inspirierenden Lehrer und Vorbilder in meinem Leben, möchte ich hier einige Personen namentlich erwähnen, denen ich zu besonderen Dank verpflichtet bin: Lena und Camilo für die Einladung zu ihrem Kongress und den Anstoß für dieses Buch. Denise für die gemeinsame Zeit. Fritz Bläuel (mani-blaeuel.de) für die lehrreichen Gespräche und das geduldige Beantworten meiner Fragen. Wolf Paffen für seine Ehrlichkeit und seiner Mithilfe bei der Titelfindung. Jutta Briegel (jutta-briegel.de) für ihre astrologischen Einschätzungen. Ulrike Hensel (hensel-coaching.de) für das umfassende und stilsichere Lektorat. Sebastian Schnabl (schn4bl.de) für die Gestaltung des Covers. Petra Lange für ihr stets offenes Ohr. Abt Muho (antaiji.org) für seine Weisheit und Unterweisungen. Burgi Bläuel (mani-sonnenlink.com) für ihre Gastfreundschaft und das großzügige Entgegenkommen.

Literaturverzeichnis

Deida, David: *Erleuchteter Sex. Ekstase als spiritueller Weg*. Goldmann, München 2012, 2. Auflage

Frankl, E. Viktor: *... trotzdem Ja zum Leben sagen. Ein Psychologe erlebt das Konzentrationslager*. Deutscher Taschenbuch Verlag, München 2008, 29. Auflage

Harke, Sylvia: *Hochsensibel – was tun*. Via Nova, Petersberg 2014, 2. Auflage

Hensel, Ulrike: *Mit viel Feingefühl*. Junfermann, Paderborn 2013

Hüther, Gerald: *Jedes Kind ist hoch begabt*. Albrecht Knaus, München 2012, 4. Auflage

Juul, Jesper: *Aggression: Warum sie für uns und unsere Kinder notwendig ist*. Fischer Taschenbuch, 2014, 4. Auflage

Leimbach, Björn Thorsten: *Männlichkeit leben. Die Stärkung des Maskulinen*. Ellert & Richter, Hamburg 2014, 8. Auflage

Parlow, Georg: *Zart besaitet*. Festland Verlag, Wien 2003, 2. Auflage

Precht, Richard David: *Liebe. Ein unordentliches Gefühl.* Goldmann, München 2009, 2. Auflage

Wilber, Ken: *Ganzheitlich handeln.* Arbor Verlag, Freiamt 2001

Quellenangaben

(1) Precht 2009, S.35ff
(2) Focus online: Typisch männlich – typisch weiblich? Monika Preuk, 13.08.12
(3) vgl. Leimbach 2014, S. 146-173
(4) Leimbach 2014, S. 146
(5) vgl. Harke 2014, S.34ff
(6) Harke 2014, S.182
(7) Hüther 2012, S.95
(8) Hüther 2012, S.106
(9) Hüther 2012, S.96ff
(10) Hüther 2012, S.100ff
(11) Frankfurter Allgemeine Zeitung: „Das Wichtigste wäre ein richtig guter Vater", Interview mit Gerald Hüther, 02.11.09
(12) www. wikipedia.org/Tantra
(13) Deida, 2012, S.193ff
(14) Deida, 2012, S.194
(15) Deida, 2012, S.203ff
(16) Leimbach 2014, S.62

(17) vgl.
www.verhaltenswissenschaft.de/Miller_und_Dollard
(18) http://www.nestling.org/aggression-warum-sie-fuer-uns-und-unsere-kinder-notwendig-ist-jesper-juul/
(19) http://www.nestling.org/aggression-warum-sie-fuer-uns-und-unsere-kinder-notwendig-ist-jesper-juul/
(20) vgl. Leimbach 2014, S.64-65
(21) vgl. Schwithal Bastian: www.weibliche-gewalt.de
(22) Leimbach 2014, S.65
(23) Leimbach 2014, S.66
(24) vgl. Leimbach 2014, S.74-75
(25) Leimbach 2014, S.75-76
(26) Wilber 2001, S. 57
(27) Frankl 2008, S.124ff

Bildnachweise:
Seite 22: © by unsplash.com
Seite 66: © cole hutson by unsplash.com
Seite 143: © by unsplash.com
Seite 180: © by unsplash.com

Weiterführende Links

Hochsensibilität Allgemein

hochsensibilitaet.ch
hochsensibel.org
zartbesaitet.net
hsp-academy.de
mit-viel-feingefuehl.de
empathisch-kommunizieren.de
ifhs.ch

Männergruppen & Seminare & Coachings

maennlichkeit-leben.com (Männertrainings)
innernature.de (Schwitzhüttenritual)
reinhold-schaefer.de (Männer-Quest)
maennerinitiation.eu
MKP-Deutschland (bundesweite Männergruppen)
maennlichkeit-leben.de (Seite des Autors Björn Thorsten Leimbach)

Persönlichkeit & Selbsterfahrung & Vision

veitlindau.com
irgendwie-anders.de (Heldenreise-Seminar)
visionssuche.net (VisionQuest)

Meditation & Achtsamkeit

Vipassana-Meditation
Zen-Zentrum Eisenbuch (bei München)
Zen-Zentrum Schönböken (hinter Hamburg)
MBSR (Achtsamkeitstraining)

Neue Erziehung & Schule

andrestern.com (hat nie eine Schule besucht)
arnostern.com (Malort)
gerald-huether.de (Gehirnforscher)
jesperjuul.com (Reformpädagoge)

Aussöhnung mit dem Vater

Download: Dr. med. Dietrich Klinghardt:
http://cinak.com/editions/journals_ger/48_die_ver
sohnung.pdf